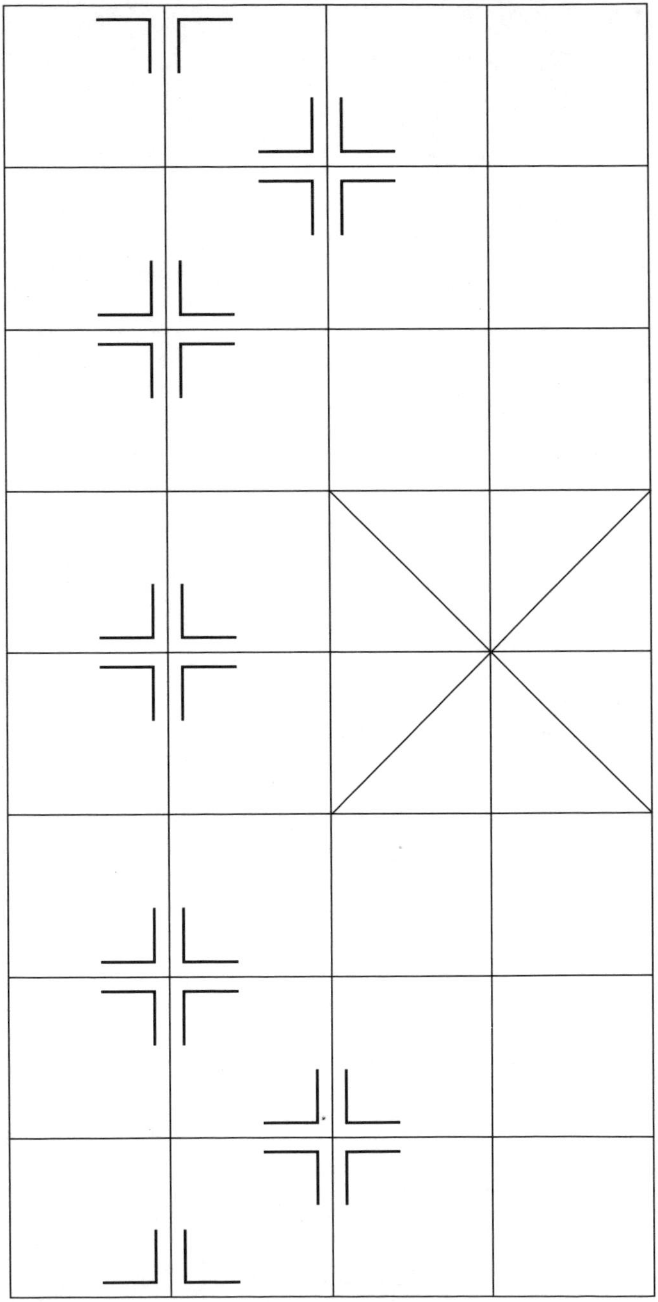

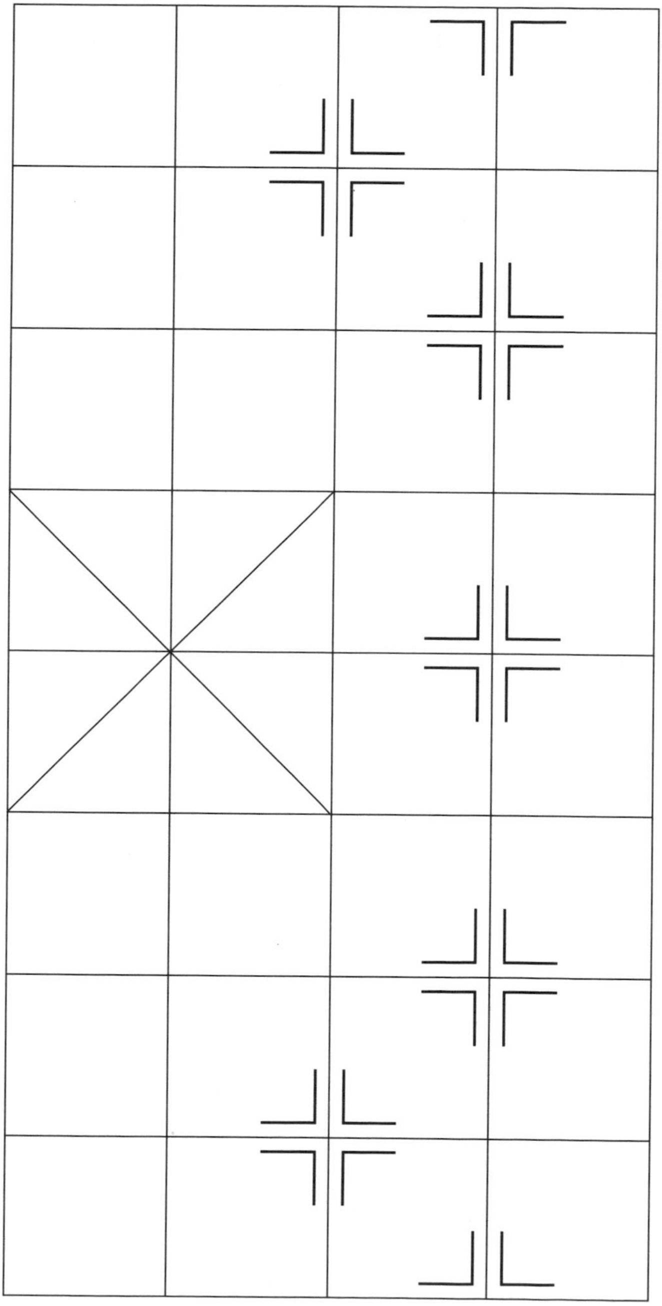

習近平大棋局

後極權轉型的極限

策畫——台灣新社會智庫、清大當代中國研究中心
主編——徐斯儉
作者——徐斯儉、董立文、王占璽、盧俊偉、邱俊榮、蔡明彥、張國城、賴宇恩、黃怡安

目錄 Contents

推薦序

中國往何處去：舊問題、新視野

孔誥峰（美國約翰霍普金斯大學社會學系副教授）

二〇一二年習近平登上中國領導人大位時，不少海外中國觀察者對他充滿期待。一些論者根據他當浙江和福建地方領導時的經濟改革政績及其父習仲勛比較開明的政治取向，期待他會推動新一輪的政治與經濟改革。

但習上台不久，這些期待很快便幻滅。不用幾年，習對各領域的直接控制，已經超過毛澤東之後的每一個領導人。他發動的打貪運動，更像是整肅政敵以集大權於一身的操作。毛之後中共最高層的集體領導共識被打破，變成個人集權。大家都很焦急地問：中國正在走向何方？

二〇一五年初，美國資深中國通沈大偉（David Shambaugh）教授在《華爾街日報》發表題為〈將臨的中國崩裂〉（The Coming Chinese Crackup）一文，引起廣泛關注。這種環繞「中國崩潰論」的爭議，自蘇聯瓦解之後便常出現，但沒有一次準確。沈大偉的論點，難說獨特。他認為習近平的反貪運動打擊面大，在黨內樹立眾多敵人，令菁英派系互相平衡的管治格局難再維持。中國有產菁英急著找方法將財富轉移到海外，及北京大大加強對文化、媒體與教育的控制所顯示的不安全感，都是中共崩解的徵兆。

沈的文章引起巨大反響，並非因為這些有點人云亦云的論點，而更多是因為沈的身分。沈在眾多西方中國通中，一直被歸類為與中共友好的一類。沈在過去二十多年間，經常進出中共中央黨校進行交流，與中國不少權力菁英有深厚交往。沈的著作，一直都強調中共政權穩定能耐，唱好多過唱淡。他忽然出來高調預言中共倒台，的確令人驚訝。

十分依賴出口的中國經濟，在二〇〇八年美國發生金融危機後一度極速下滑。當時北京急推大規模的財政與金融刺激，命令國有銀行大舉放貸對沖出口下滑帶來的衝擊，造成地方政府和企業瘋狂借錢，爭相展開各種不理長遠效益的建設，如白宮級的地方政府建築物、不理產能嚴重過剩加建的鋼廠、各地的鬼商場及鬼城等。這些效益低下的建設令地方政府和企業單位負債累累。根據麥肯錫顧問公司的報告，中國整體債務占國民生產總值，已經從二〇〇八年的百分之一百四十七增加到現在的接近百分之三百，超過了大部分新興國家，達到非常危險的水平，而且還在不斷增長。

經濟增長無以為繼，債務危機又迫近眉睫，無論中國經濟最後是硬著陸還是軟著陸，其經濟將不再高飛，已是毫無懸念。中國過去三十年的政治穩定，很大程度拜高增長所賜。高增長不單令大部分家庭的生活得到持續改善，更讓地方政府能有充裕維穩經費去監控與收買抗爭者、異議者。經濟轉勢，這種穩定能否繼續維持，是很大的問號。根據古今中外的歷史經驗，經濟危機引起的草根社會躁動若遇上體制內的菁英分裂，政權崩塌或轉型的機會便大大增加。由此看來，沈的中共崩裂論言之成理。

但問題是中國經濟下滑至今，中共和習的權力仍絲毫沒有任何倒塌的跡象，反而看來越來越穩。再看中國旁邊的北韓，經濟崩潰多年，其共黨政權仍十分穩固。這引導我們思考中國局勢除崩潰外的另一個可能發展：北韓化。

一九八九年之後，中共對知識分子與民間自主組織的控制與撲滅愈加嚴密。在缺乏民間社會的中介下，由經濟滑坡帶來的民憤，可能難以聚合成有實力的政治挑戰。而被習近平反貪迫得喘不過氣來的黨內菁英，就算多不滿習路線，也會計算到萬一內鬥加劇導致政權轉型，他們可能會失去一切特權，所以不敢公開挑戰習，只好乖乖地接受個人集權。

同時習的清洗觸動太多利益，開了清算前朝人的先例。他會不會因為擔心一旦任滿便遭清算，而嘗試回復終身抱權不放的亞洲威權常態，甚至建立權力世襲的體制？中國的政治體制會否向北韓趨同？當然，中國的經濟比北韓多元開放，再怎樣下滑，也難想像中共統治會完全蛻變成為北韓般封閉。但早在二〇一二年，當時的中共領導胡錦濤曾明言，北韓的政治控制模式值得中國學習。中國政體的北韓化，可能並沒有我們想像的那麼遠。

中國的政治體制將往自由化、崩壞，抑或北韓化哪一條可能路徑發展？這是一個全球中國研究學者都十分焦急想回答的大問題。由長期研究中國政治的徐斯儉教授編撰、台灣國內多位中國問題專家參與的這本《習近平大棋局》，對解答這個問題提供了十分合時和扎實的分析。

這本文集的論點建立在兩個基礎之上。第一是中共體制並非一般的威權體制，而是一個後極權體制。中共黨國對社會經濟的控制雖然已經沒有毛時代那樣巨細無遺，但造就極權控制的制度和記憶仍在，因此中共領導在面對挑戰時，恆常存在恢復極權控制的誘惑。最近中共忽然收緊本來放鬆多時的對國內外社會團體的微控制，便證明了中共後極權體質對我們思考中共政治走勢的重要性。

第二是習近平接過黨國大位之後，便立即走進四個相互緊扣的棋局：政治菁英勢力平衡的棋局、國際外交戰略的棋局、政權與社會關係的棋局，以及國家內部和外部經濟的棋局。習在這棋局下什麼棋，關係到他的計算與抉擇。但他的計算與抉擇，大大受制於各個棋局在習進入前的布局，在國際政治與經濟的棋局，尤為如此。所以要解釋習的決策與行為，和預測他在未來的走向，不能將重點全放在他的性格特徵或個人歷史。太注重領袖個人，正是不少分析中國局勢的華文評論常犯的毛病。

基於上述兩個基礎，這本文集從政治體制、民間社會、國際政治、經濟發展等方面闡釋習近平如何駕馭和開動中共的黨國機器，必然性與偶然性、森林與樹木並重。每章的內容，無一不充滿詳實合時的材料和尖銳深入的分析。想理解習近平時代中共對內對外各大小動作的底蘊、評估中共未來走向的讀者，絕對不容錯過。

推薦序

後極權的舞台，前現代的總書記

林濁水（作家）

直到二〇一二年即將就任中共總書記前夕，外界普遍認為習近平是一個謎，理由是這一個從政生涯中沒有任何令人驚奇之處、政績又很平常的太子黨，為什麼會在劇烈的權力角力中成為崛起霸權的國家領導人。CNN引用專家看法說：「他在中共黨務系統裡步步高升，靠的是謹言慎行，外界猜不透他的真正想法。」十五歲以前住在天津的知名日本中國通矢板明夫還出版專書《習近平——共產中国最弱の帝王》看壞他。

但二〇一二年二月習近平第一次以副主席身分訪問美國時卻獲得了如潮佳評。美國人認為他和過去的中國領導人江、胡非常不一樣，他感覺比江胡兩人「更現代化」，是一個真誠、自信、坦率、溫情、親民，不官腔官調的人。他還談到了偏愛好萊塢電影，對於展現法西斯美學的張藝謀反而感到困惑。美國人第一次從言談中感覺到他的強勢，卻認為他強勢而開明，瞭解美國，是可以溝通的中國領袖。

這種氣氛似乎也在中國國內出現，更由於習仲勛開明派的信念以及習家和趙紫陽、胡耀邦的淵源，甚至有傳言指出習近平上任後可能會平反「六四」。到了年底，出任總書記不到半個月的習近平提出了「中國夢」，說「實現偉大復興就是中華民族近代以來最偉大夢想」，而且「這個夢想一定能實現」。這口號不算特別，胡錦濤也同樣喚過。但是接著十二月四日，在北京「各界紀念現行憲法公布實施三十週年」大會上，習很罕見地對維護憲法發表講話：「只要我們切實尊重和有效實施憲法，人民當家作主就有保證。」這番講話引人遐想，北京的《炎黃春秋》和廣州的《南方周末》等改革派開始南北聯手響應，到了十二月二十五日，七十多位著名的公共知識分子便連署發表了「改革共識倡議書」。

等到二〇一三年春天習就任國家主席，所作所為更是謎中之謎：突然之間，和過去平實無奇甚至開明形象完全不同，凡政策出手，必驚世駭俗，展現的強勢比當初大家預期的更加強勢，氣勢之威猛，令人驚奇，權力之集中化更令人屏息。

首先是對外。北京奉行鄧小平的韜光養晦大戰略近半個世紀，現在習近平一句「中國夢」，就毫無懸念地被結束了，從此東亞海域的緊張情勢迅速上竄。其次是對內。除了擔任總書記、國家主席、中央軍委主席、外事工作領導小組、對台工作領導小組的組長之外，習還新創了七個政策小組並親自領導，範圍遍及政、經、軍改、統戰甚至網路安全，大小權力集中的程度超越中共歷來的領導人。在整風肅貪方面，打擊力道之強直追文革，打擊範圍則是任何既有的黨政派系無一倖免，甚至越過文革不衝擊軍隊的限制，直接整肅被認為和他淵源最深的軍隊。最後，在自由開放方面，《南方周末》響應他的文章〈中國夢，憲政夢〉被迫撤版，《炎黃春秋》被關閉，從此思想言論的公共空間急速緊縮，管制越來越嚴密，維穩力道越來越強大。這種一方面全面集中權力、另一方面又全面出擊的做法在中共史上幾乎是空前。

無論對內對外，習的政策一出手，在在出人意表，不能依過去常軌理解，以致全球的中國問題專家盡皆狀況外，事先的判斷全都失準，然而事後又可以找到邏輯線索，鮮明地指出習強烈的個人風格貫穿在政策間。

先前在江、胡兩代的集體領導之下，中國度過了建政以來上層權力最穩定的二十年，各路人馬也在充裕的時間內建立起盤根錯節的權力基礎。相較之下，「並非江胡政權原本規畫的接班人」，又缺乏掌理全國事務經驗而「班底薄弱」的習近平，假使不是具有特別強烈的個人風格和權力意志，我們很難想像竟能這樣迅速地樹立權威，把上至位高權重的高官厚爵、下至各地方官員的清理整肅全面推展到目前這樣駭人聽聞的地步。

江胡體制最奇特的是，兩人權力的正當性建立在槍桿子打下政權的革命一代連續兩次的隔代欽定之上。所以兩人的權力定位是經理人而不是董事長。他們當家的時候，由一群能幹的經理人進行二十年的管理，讓中國成了全球第二大經濟體，國力上升到了頂峰，然而貪腐和社會內部的矛盾也累積到了不可思議的地步。於是在「亡黨亡國」的危機意識驅動之下，強烈使命感的太子黨一出，儘管班底薄弱，只能依賴「雜牌軍」，但是各經理人集團盤根錯節的權力網絡竟然無法抵擋，以致權力竟真的回歸到真正所有權人（太子）之手。

從權力正當性竟然高度仰賴血緣這件事，我們似乎看到了中國社會強烈的前現代性格。這種前現代性格，使得二十年來由技術官僚鞏固起來的權力運作制度化的趨勢被打破，反轉回歸到董立文指出的人治體制（見第二章）；甚至習依賴「雜牌軍」來運作權力也可以這樣理解：這些人在習長期的地方從政生涯中與習建立了一對一的親近關係，雖然雜牌，卻有一個中心領導。——講究親疏，本來就是人治精神的儒家建立差序格局的社會乃至權力秩序的基礎。某種角度可以說，習就靠個人在地方沿途網羅的親信人馬由下而上地迅速掌控了大局。

這一個前現代的價值觀可能還因為他的文革經驗而被強化。他在文革期間被打入社會最底層，在慘絕人寰的處境中，既有的組織建制都不可能提供他可以信賴的保護，於是一對一接觸、情義相挺的弟兄信賴便成了他不可或缺的支持，於是講究親疏和衝決成規的江湖氣息便成了他權力部署和決策強烈的特色。

習和其他人不同。成為總書記後，密集地到部隊巡訪；[1]出訪美國時又刻意打破官式排場，講究和歐巴馬不穿西裝不打領帶的接觸，在在體現了江湖這種講究一對一直接接觸的精神；新創「新型大國關係」的外交概念，甚至也是這種精神進一步的轉換：中美之間是大國關係，和其他國家之間則是一般的「合作共贏為核心的新型國際關係」，這種國際關係明顯和當前普世的西伐利亞秩序不同，是一種差序格局，是天朝秩序的現代投影。我們甚至可以說，當前中國和周邊國家的緊張關係，恐怕正是兩個文明秩序的磨擦。南海爭議，在準據上，一方主張歷史水域，一方主張國際海洋公約；在程序上，北京長期堅持個別的雙邊會談、反對多邊會談——在差序格局中，邊陲本來就不應該對中心有集體議價空間。磨擦的雙方都各有其價值基礎，因此各自理直氣壯，也都難以溝通。

由於權力的正當性設定在前現代的理念上，習對公民社會的基本態度、甚至整軍，都可以從這個角度來理解。總之，個人特質和龐大的文明基礎互相交織，形塑了習近平掌握權力和鋪展政策強烈無比的風格。

個人特質和文化背景固然重要，但是習也一定得在一個同樣非比尋常的特定舞台上才能掀起一波波驚濤駭浪，這個舞台是什麼，就是本書的重點所在。

推薦序　後極權的舞台，前現代的總書記

林濁水

本書由徐斯儉、董立文、王占璽、蔡明彥、盧俊偉、邱俊榮、張國城、賴宇恩、黃怡安等九位學者，分別從權力之路、國家和社會關係、經濟發展的極限與變遷、強勢外交、軍事組織調整、對台政策等各層面，探討處處虎虎生威的「習近平大棋局」，最後並由徐斯儉寫了專章〈後極權轉型的極限〉作為導論。

對一般讀者來說，「後極權轉型」可能是生僻的詞彙，卻是理解習近平種種令人難以置信的作為的關鍵詞。徐斯儉強調，習的統治風格與作為，其實是解決這個政權整體問題或危機的一種回應。他認為習近平的大棋局是由四個棋盤疊加而成，習同時在政權內部菁英政治棋盤、政權與社會關係棋盤、國內外經濟棋盤、國際外交軍事棋盤四個棋盤上下棋。從這四盤棋的走勢看來，習近平統治的根本問題，就在於怎樣處理從極權政體轉型成威權政體的正當性困境。

徐斯儉指出，習近平再怎樣大刀闊斧，在某種程度上，都得受到整個政體根本性質與問題很大的限制。但是非常弔詭的，或者反過來說，正因為整個政體根本性

1 這和江澤民很不同，一個是缺乏軍中淵源，所以要拜碼頭；另一個則是淵源深，但是卻在太子軍中並非核心所以進行固樁。

質的危機普遍地被感受到，以致必須有「真正的男兒」奮起拚命，才能免於亡黨亡國。這樣一個強烈無比的危機感賦予了習近平衝決成規、雷厲風行的權威。又因為認定改革開放時如果過度跟隨西方價值和路徑，不只無法解決危機，還將使危機惡化，同時察覺既有的共產主義意識型態教條雖然不可能放棄，但已經和改革開放政策之間的矛盾愈形升高，所以才在民族主義的大旗下回頭找來前現代的價值觀，以填補價值和現實之間的巨大裂縫。

毫無疑問的，這四盤棋的棋勢都非常驚險。四個棋盤各有內在的矛盾，雖然由於中國的國家量體無比巨大，發揮了對矛盾不可思議的容受能力，但矛盾仍不斷累積上升。

最後，讓中共這一個後極權政體平和地進行民主化轉型，是本書作者們共同的期待，作者們認為這是化解矛盾的最佳途徑；但是作者們又都認為這樣的轉型非常困難，於是徐斯儉只低調地希望能先逐步轉到某種「競爭式威權」的方向，以利中國走上一條平和穩定的變遷道路。

然而，當前的情勢恐怕已經緊繃，不容許習有「逐步轉型」的餘裕——就像他一上台時對薄熙來集結的極左勢力以及貪腐體制沒有「逐步改革」的餘裕，整風必須雷厲風行一樣。現在整個黨、官僚體系對整風的情緒似乎已經高到開始出現反撲的臨界點，而習賴以相抗的是強烈的民粹支持。雖然目前的民粹是零碎的、非組織化的，但一旦官僚形成組織化的反習力量，或許普丁式的民粹民主會是習鞏固權力正當性的一個脫困途徑。

至於台灣民眾特別關心的兩岸關係，則從屬於這個大棋局，而不是獨立成為第五盤棋。徐斯儉指出，「兩岸關係應當放在中國整體政局的走向下來分析」，賴宇恩與黃怡安兩位更指出，習的對台政策已經開始和「全球、區域與周邊戰略相互聯動」，因此習「針對台灣當局的南海政策、東海政策格外敏感與重視」。這是說，雖然主權統一是北京數十年不變的傳統目標，但是如今在處理台灣問題時，已經不再單純考慮這個原始的主權爭端了。

事實上，因應中國的關鍵性轉折，北京的兩岸政策是在既有的統一目標之外加上其他目標，以致必須在兩個目標當中進行權衡，這已經是歷史上第二次這樣做了。

一九八〇年代，在胡趙相對開明的統治之下，中國為了加速經濟的改革開放，對台招商引資引進技術成了戰略性政策。在一九八七年七月台灣解嚴、解除外匯管制並允許企業對外投資之後，北京國務院在一九八八年六月公布了《關於鼓勵台灣同胞投資的規定》。這一規定把台商定位為「比照外商」，而且至今沒有改變，如今《中華人民共和國台灣同胞投資保護法》及其實施細則，在法規分類上仍然列在專門針對外資的法律法規中。在有關台商的法制面是這樣，此後規範雙方往來秩序的各種單邊規定或雙邊協議，諸如人貨通關管轄等等，也具有同樣的彈性。實務上，對台灣人民入出中國國境時，整個通關、簽證手續也都是比照對外籍人士的管理規則。

這種形同把台灣當成「非本國」的做法，就是中國面臨關鍵性轉折時，在對台政策的既有統一目標外，再加上一個符合國家需要的新目標，並在兩個目標之間進行權衡、彈性因應的措施。

改革開放是中國一個巨大的歷史轉折，如今對外政策從韜光養晦到大國戰略的積極作為又是一個歷史性的大轉折。於是中國對台政策第二次被賦予了主權統一之外的目標，這個目標是要符合大國外交和美日抗衡的要求，並且在兩個不同的目標之間進行權衡、彈性處理。

早在習近平剛上台的二〇一三年，閻學通就認為在中美對峙的格局中，未來（到二〇二三年）台灣有可能成為中美戰略關係中的一個重要矛盾，其負面作用大於日本問題。閻學通這樣判斷是站在中國人被動消極的立場看問題。然而主動是習近平的風格，於是他積極地試探拉攏馬總統領導下的台灣參與布局，馬習會就在這樣的權衡之下出台。習在大國戰略利益的選擇之下忍受了國際媒體幾乎全面以「Two Countries」或「Two Presidents」的抬頭報導這個歷史盛會，並第一次容忍台灣官方人士於秘密會議中在他面前主張一中各表。

或許是對習的兩岸政策必須從屬中國大國外交戰略的決策沒有適當的重視，以致當夏立言在會前幾天徵詢最圈內的一流專家時，他們都一致認定馬習會不可能。

同樣的理由，雖然兩岸政策專家林中斌、周志懷、劉國深、卜睿哲等都認為，蔡總統就職演說在主權立場上已經對九二共識做出實質讓步，而且國台辦在第一時間也偏向正面反應了，但是五小時後北京仍然翻臉，隔天並宣布中止兩岸的官方交流。這當中有所出入的關鍵，顯然是蔡總統在區域集體安全和國際自由民主價值同盟上的主張被過度解讀，認為蔡總統領導下的台灣並不只是追求自己的安全和民主實踐，更將參與國際價值同盟形成對中國價值的圍堵，這和習認為必須從屬於中國大國戰略的兩岸政策互相扞格。徐斯儉強調，「習近平的觀點似乎是認為，國際敵對勢力與國內顛覆勢力相互勾結，尤其是境外敵對力量支持國內反動力量，處心積慮要將『紅色江山』扳倒，所以就要兩手硬，同時對付這兩方面的敵人。」這句話就是理解為什麼習會對蔡總統的演說翻臉的最好切入點。[2]

現在，習應該已經清楚瞭解到對台的傳統主權立場和新的大國戰略利益間存在高度矛盾，兩者之間的權衡並不容易。這一矛盾蔡總統應該也有一定的瞭解，但是她的演講中仍然還沒有展開當台灣主權維護、兩岸關係及台灣民主三個目標出現矛盾時要怎樣權衡的論述。新政府強調要和北京溝通再溝通，無疑的，她的權衡方案將是溝通是否成功的關鍵所在。

2 林濁水，〈北京中止兩會交流的戰略背景〉，http://www.my-formosa.com/DOC_101520.htm

1

導論　後極權轉型的極限

徐斯儉

任何一個政治秩序的根本問題是其統治的正當性（legitimacy），就是該政治秩序不需要使用暴力就可以為被統治者接受的原因。民主政體的最基本正當性來自選舉，非民主政體的正當性則各有不同來源。中共作為一個後極權的黨國威權政體，其原始正當性來自過去極權時代遺留的意識型態，但當意識型態的正當性作用逐漸消退時，其權力缺乏程序正當性的基本困境便越來越明顯。中國政治的走向，很大程度繫於中共作為一個威權政體如何解決其正當性困境；而習近平統治的根本問題，也出自於解決其掌權前後一系列的正當性問題。

本書是從這樣的角度出發，來觀察習近平主導的中共政權所面對的局勢。中國在改革開放後經過了三十餘年的發展，已經成為經濟與軍事外交的世界一級強國了，可是這樣一個世界一級強國卻始終面臨著一些基本困境，也就是作為一個威權政體的正當性困境。這樣的困境，在習近平接班前後，因為整治政權的貪腐和高層權力的鬥爭，尤其明顯地暴露出來。從這個角度，本書檢視中共政權對經濟、外交軍事、與國內社會關係，如何受到這種政權的基本正當性困境所制約，以及習近平如何採取一系列作為來回應這些方面的挑戰。本書認為，對於台灣社會而言，面對中國這樣一個大國，尤其需要將兩岸關係放在以中國自身為分析座標的架構中來看，才能看清楚基本的結構性格局，以及長遠的走勢。作為本書的導論，本章提供一個奠基於理論上的整體性觀點與分析，並為本書各章的分析在這個整體架構中給予定位。

一、習近平的大棋局：疊加的四個棋盤

習近平可以說某種程度非自願地承接了一個棋局，這個棋局同時包含了好幾個相互糾葛的棋盤。在習近平統治之下的中國，其未來走向如何，端視在這盤交錯的棋局上如何因應布局。但本書認為更重要的是，我們應該先釐清這個大棋局的基本格局與限制，及其挑戰與機會。如果我們用下棋的比喻來觀察，習同時在以下幾個棋盤上下棋：政權內部菁英政治棋盤、政權與社會關係棋盤、國內外經濟棋盤、國際外交軍事棋盤。

首先，從政權內部的權力格局來看，他必須與敵對派系和一個正在走向腐爛的體制同時進行一場零和博弈的棋局，政權的腐敗其實是派系分贓的結果，此種腐敗威脅了政權的正當性，要解決此一問題，唯有跳脫派系的掣肘。從政權與社會關係來看，他必須取得民眾支持，但同時又要壓制可能對中共政治壟斷產生挑戰的任何

社會力量。從經濟棋盤來看，中國經濟面臨三重挑戰：第一重是經濟發展經歷了三十餘年的快速增長，剛好處於結構上的走緩下滑階段；其次正逢全球經濟不景氣，出口動力熄火；第三重是從二〇〇八年因應全球金融風暴，由政府巨量投資基礎建設，造成了房屋和地方債務泡沫。這三重挑戰疊加交錯，隱然成為今日中國經濟的不定時炸彈。最後從國際外交軍事棋盤看來，中國是世界一流大國，是聯合國安理會成員國，經濟國力已臻世界第二，軍事力量亦十分強大，其影響力早已跨出東亞區域，在解決非洲、中東、中亞等區域事務中，中國已是不可或缺的要角。然近年中國在東海和南海的一系列強勢作為，卻導致美國及許多周邊國家的疑慮和反制，導致其國際地位逐漸趨於孤立。

從整體而言，這四個棋盤在現實上錯綜複雜，相互影響。習近平的任務是所謂「保紅色江山」。這裡的問題是，到底是誰在威脅「紅色江山」？是有一個集團躲在幕後，策畫種種陰謀，四處點火，企圖將紅色江山搞倒？又是誰一步步有計畫地在出賣紅色江山，或一點點地在為紅色江山挖掘墳墓？如果我們將上述四個棋局再簡單分類，可以分成兩大塊，一塊是國內的政權與社會關係棋局，另一塊是國際的經濟外交安全棋局。習近平的觀點似乎是認為，國際敵對勢力與國內顛覆勢力相互勾結，尤其是境外敵對力量支持國內反動力量，處心積慮要將「紅色江山」扳倒，所以就要兩手硬，同時對付這兩方面的敵人。

但本書認為，習近平真正的挑戰是這個政權自身轉型的內在限制，若不是因為這種轉型的限制，這四個棋盤都不會對政權構成致命的挑戰。本書認為，政權內部菁英政治的棋盤最重要，因為所有政治人物都將政治生存當作第一考慮。習近平也不例外，他也是將其自身是否能完全操控政權和黨內統治集團，並移除政治上對手的挑戰作為首要任務。來自對手的挑戰並非一種未來潛在的存在，而是非常現實已經發生，並以近乎零和的態勢對其進逼。這種統治集團對手的挑戰，源自後極權黨國政體最根本的正當性問題，也就是統治權力來自哪裡的問題。所有其他棋盤的考量和後果，都會回過來制約這個主棋盤下一步的可能選項，而習在這個棋盤的所有作為，也都會為其他棋盤帶來深刻的影響。習近平並非江胡政權原本規畫的接班人，班底薄弱；卻又要面對強大對手（幾乎以政變置他於死地），已經完全沒有退路。為此，他必須在非常短的時間內擊敗對手，這使得他的迴旋空間非常有限，可供的選項也很少。然後他又覺得整個政權面臨內外夾擊的挑戰，這或許是為何他亟欲集中權力、四面出擊的背景因素。但當他這麼做的同時，他等於在各個棋盤上樹立了更多的敵人。

其他三盤棋，國際外交戰略安全、國內政權與社會關係，以及內外經濟環境，處於因果關係上的第二層。其中國際環境與經濟這兩個棋局偏向結構性，各自有其內在邏輯，不因習政權的意志而移轉，這兩盤棋對習政權構成了制約、壓力、與挑戰，要求習近平給予回應。至於政權與社會的關係對習近平最沒有挑戰性，中國社會內部並沒有政治反對力量，社會上雖然有著各種矛盾和緊張，但這些社會問題所牽扯的人群各自分散，也缺乏一種具有總體顛覆性的脈絡。然而經濟發展的棋局卻會影響社會的結構，當政權選擇了或陷入了不平衡的發展路徑（如被國有壟斷部門把持、投資過多消費不足、過度依賴土地財政等），污染掠奪剝削式發展猖獗，導致貧富差距擴大、不公不義加劇，則社會抗爭騷亂必然增長。

扭曲的發展模式，也會對國際處境造成影響。過度依賴投資、任由國企壟斷，勢必造成效率低下，對市場需求反應遲鈍，造成生產過剩、耗能過度、污染蔓延，使得中國對於國際能源的輸入和過剩產能的輸出更加倚賴，而這種倚賴有可能形成中國的國際弱點，讓中共政權朝著擴張軍事力量向外投射的方向發展。

此外，社會動盪也會造成一系列對其他棋局的影響。加劇的社會動盪首先當然衝擊菁英政治，增加其他潛在挑戰者對當政者指責問責的可能；也會讓懷有「內外勾結／顛覆政權」假設的執政者杯弓蛇影，導致其過度打壓，反而形成「打壓—反抗—再打壓—再反抗」這種「自我實現預言」的怪圈。在此種情況下，當政者一時也無法退讓，一種可能的邏輯就是將焦點向外移轉，這就是國際關係理論中的「移轉理論」（diversionary theory）[1]或「動員理論」（mobilization theory）[2]，簡單講，就是在外部產生一些程度強弱不等的衝突，來緩解內部矛盾或動員內部支持。因此，中國外部的衝突也很可能與國內政治邏輯有關。當中國與外部產生衝突時，統治者很可能操作一種仇外的民族主義，這樣也符合上述的移轉或動員目的。

二、後極權與其他威權政體的差別

這四個棋盤是聯動的，是一整盤棋局，但制約這整盤棋局的是中共政體本身，也就是下棋者的遺傳體質，中共作為「後極權黨國」的一種威權政體型態。在最近二三十年比較政治學的文獻中，有許多研究對於不同的威權政體做出分類，並辨析不同類別的威權政體其穩定性、轉型過程、與轉型結果的差異。這些文獻中的許多討論，可以為我們在分析中共政權時提供很好的參考。

我們先來說明什麼是「後極權」。根據研究極權政體的學者林茲（Juan Linz）的說法，[3]所謂「極權政體」主要有三個特徵：一個具有排他性及指向某種烏托邦未來的「意識型態」（ideology）；為了實現這個意識型態而產生的一個一元化權力核心，往往有一個最高領袖，透過一個黨對權力進行完全的壟斷；以及這個權力核心對社會的政治動員，以徹底摧毀並改造舊有社會，並建立一個新的烏托邦。在這三者之中，「意識型態」最重要，因為一個極權政體的建立，是為了實現這個意識型態，之所以會有一個一元化的權力核心，以及對社會徹底動員的政治運動過程，都是為了要實現這個意識型態。中國在毛時代具備了這樣的特點：中共在建立政權後，毛透過多次的政治運動，不斷確立與鞏固其自身作為權力的唯一核心，整個政治運動也不斷地動員社會。而毛根據的，則是他對意識型態壟斷的解釋權。

當整個極權政體建立後，它陷入了一個兩難，那就是這個政體具有了國家形體，它就必須處理社會管理的日常事務，還必須發展經濟，這樣的過程使政權逐漸世俗化，導致極權政體追求烏托邦「意識型態」的影響力開始消退。當政體在日常政治的治理和經濟發展方面取得了成功，[4]這種以處理公共事務和經濟事務所獲得的「有效治理」（effective performance）便取代了「意識型態」，成為政權的正當性基礎，後極權時代於焉展開。在後極權時代，整個政權並沒有完全否定自己極權時代的意識型態，因為畢竟政權對政治權力的完全壟斷仍然源自於對意識型態的革命歷史。而且在極權時代建立的許多制度與統治邏輯，譬如黨對於國家機關的直接控制（透過「黨組」）、黨管幹部、黨指揮槍、深入社會各階層的群團（即「人民團體」）、各種黨國支持的非政府組織（GONGO）等，都仍然存在，且繼續執行著維護政權的功能。但與此同時，這種後極權的政體著重經濟發展與公共管理，圍繞在整個黨國權力集團內部，衍生出具有經濟多元面貌的集團以及政治派系，使得政權不再看起來那麼鐵板一塊。不過林茲特別提醒，如果把那些從未經歷過「極權階段」的（威權）政體，與那些曾經有過「極權階段」的（威權）政體混為一談，並認為兩者具有一樣的特性，那將是一種誤導。林茲清楚地指出，後極權威權不同於一般其他威權政體。[5]

「後極權」與一般威權有一系列的差異，這些差異牽涉到其未來變遷的軌道與侷限。[6]「後極權」與一般威權最重要的差異，首先就是後極權政體的「意識型態」仍然扮演著消極制約的功能，也就是說雖然「意識型態」不再是政權日常正當性最重要的來源，但是在政權面臨危機希望尋找轉型的時刻，「意識型態」成為轉型的一種內在制約，任何轉型都必須尋找符合原有「意識型態」語彙脈絡中政治正確的說法，才能規避轉型的政治風險，才能取得轉型方向獲得統治集團認可的正當性。這種「後極權」是不能否定自己的，誰要否定自己的過去就必然導致發動轉型者的徹底失敗，或者整個體制的瓦解崩潰，而難在統治集團內部尋求有共識的平和轉型之路。

其次的差別是，「後極權」通常有一個「黨國」體制，由這個過去聲稱掌握唯一真理的唯一的「黨」控制一切政治權力和統治集團本身的甄補與升遷，所以所有的政治菁英與統治集團的成員，其政治生涯與政治前途，是操控在這個「一黨」或「黨國」的最高層菁英手裡，而不是來自於社會，或獨立於這個「一黨」或「黨國」的另一個政治團體。「後極權」在作為統治集團的「黨」與群眾之間有一條嚴格的內外等級界線，黨員是因為聲稱效忠「意識型態」而被甄補進入統治集團，並與所有的統治集團成員分享優於一般群眾的待遇，但也共同承擔失去政權的風險，[7]因此他們不可能從群眾那裡取得權力正當性，或對群眾表示負責。即便黨員在成為統治集團的成員時，心中並非因為真誠地相信「意識型態」而效忠，或甚至根本沒有人真正相信，但一旦黨員對黨的官方「意識型態」路線表示出懷疑，他（她）將立刻失去高於群眾的權力地位。如此他（她）不僅將失去作為菁英集團成員的資格，還將失去作為一名普通群眾的資格，成為一個帶有反政權政治印記的敵人。

第三，後極權的社會與一般威權下的社會不同，在「極權階段」社會原有的團體組織與權威，都被極權政體徹底瓦解改造和消弭了，[8]在極權政體的唯一真理之外，不容許可以與之並肩存在的真理權威或價值來源。在意識型態消退後的「後極權」政體下，這種基本的國家社會關係並沒有根本性或本質性的改變，社會某種多元價值的出現，一方面是經濟發展社會結構分化的結果，另一方面更重要的，則是「後極權」政體的容忍或消極作為的結果，而非社會自身在最終的政治秩序中取得某種在政治上能自我具足的根據。一旦「後極權」威權政體感覺到自身受到威脅，將會毫不猶豫或沒有任何內在道德制約地去消滅或消除那些社會力量或社會權威，因為政權的道德與價值正當性仍然只能來自原本的意識型態。但在其他的威權政體，沒有這樣一種高度達到能取代一切價值（包括信仰）的意義系統，也沒有那種自我證成的正當性基礎。尤其可怕的是，若政權的意識型態已然破產，其實並不能為社會提供真正的價值支撐，以及為政權自身的統治提供堅實的正當性，那麼此時政權的反撲與打壓必然是沒有價值底線的。

上述的幾種特性嚴重地限制了「後極權」可能的變遷軌跡。首先，「後極權」政體因為「意識型態」而無法否定自己，當其他正當性來源衰退時又回來向「意識型態」求救兵，但問題是這時「意識型態」往往已經過時了，這就是「後極權」獨有的最大的陷阱與束縛。也就是說，「意識型態」的基因對「後極權」的轉型構成了其他威權政體所沒有的內在限制。「後極權」本身的變遷就是不斷偏離「極權」原型的過程，但「後極權」卻無法向外尋求其他非物質的正當性，如果又回到「意識型態」的原始基因，那麼等於走回頭路。

其次，因為「意識型態」的排他性，「後極權」不可能容忍社會產生另一種具有道德正當性的權威來源，也不可能容忍因此而產生的另一種政治挑戰力量的組成。在其他「半威權政體」（如新加坡、普京的俄羅斯），有競爭的「選舉」可以作為一種政權與社會連結的機制，但在「後極權」政體是無法被採用的，因為「後極權」不允許另一種政治正當性的來源，而「選舉」是可以替代「意識型態」作為另一種程序性的正當性。「選舉」固然可以在高層權力鬥爭太過激烈時用來解決問題，只不過一搞選舉，黨有可能因為競爭而分裂，進而導致政權的崩解。所以只能搞半套的競爭，也就是在黨內菁英之間進行有限度的競爭。

再者，「後極權」的黨與一般威權政體的黨有相同、也有不同之處。第一個相同處是，真正的「極權階段」已經退潮，最高領袖難再享有魅力型領袖（charisma）的權威，因此掌握最高權力的領袖相對於統治集團其他高層菁英，並沒有先天的權威優越性。在這種情況下，統治集團內部的權力平衡至關重要。第二個相同處是，作為威權政體，最高權力的繼承（power succession）始終是政權脆弱的一環，因為缺乏一個客觀的程序規範。但不同於一般威權政體的是，「後極權」政體的權力繼承與菁英間的權力平衡密切相關，由於權力正當性只能來自政權內部，但真正的意識型態又已退潮且不能客觀地解決權力繼承問題（再加上往往因為搶奪詮釋權的主導而加深了權力繼承的難度），因此如果「後極權」能透過高層菁英之間的協商妥協，建立某種固定且不被少數人壟斷的權力交接機制，即使這種機制可能只是「半競爭型」的或甚至根本是「非競爭」的，但只要在高層菁英間能有所妥協，仍然可以達到一種穩定的作用。關於這點，目前許多比較政治的文獻都指出，在不同類型的威權政體中，一黨（黨國）威權如果能在黨內有一套受菁英各派系認可的權力交替制度，譬如以定期會議和一些規則來處理接班問題，那麼這種一黨（黨國）威權政體的穩定度是所有威權政體中最高的，而其直接轉型為「民主」的可能性大約只有百分之二十左右，此種威權政體一旦轉型，更可能變為另外一種威權政體，譬如「軍事統治」

或「霸權政黨威權」。[9]

也就是說，如果「後極權」威權政體的「一黨體制」或「黨國體制」能夠維持高層菁英間對權力繼承的制度性妥協，派系之間便能取得平衡，那麼這種威權政體往往是非常穩定的。但是如果這種高層菁英或派系之間彼此的平衡受到破壞，那麼無論走向任何一種其他的威權政體，尤其是走向「個人統治」的類型，其穩定性將大大降低。這種高層菁英的平衡一旦被打破，最高統治者將陷入一種「獨裁者的信任困局」。自從習近平上台以來，我們可以看到他不斷將權力集中於自己手上，甚至被西方媒體譏為「全面主席」(Chairman of Everything)。[10]至此，中共的最高權力格局可以說已經由「集體領導」逐漸變成了「個人領導」，甚至還傳出習近平想在十九大廢除政治局常委，而這勢將破壞原來「集體領導」的共識，徹底破壞派系平衡最後的制度根據。[11]從上述比較威權政體的文獻研究可以看出，習近平的一系列作為已經將中共帶入了一個不穩定的階段。

三、威權轉型的關鍵機制：信任困局

上述討論分析了中共黨內一系列有利於派系平衡的制度遭到破壞，導致了不穩定因素的上升。這種不穩定，將可能因為所謂的「信任困局」而進一步惡化。根據近年許多研究威權政體的文獻指出，威權政體中的最高獨裁者往往面臨兩種「信任困局」(commitment problem)，一種存在於獨裁者與統治集團成員之間，另一種存在於獨裁者與人民之間。[12]

關於前者，獨裁者需要靠統治集團的成員協助統治，但也必須要和這些成員分享好處及權力。如果獨裁者把所有權力都抓在手上，雖然他還是可以把一些好處分給統治集團的其他成員，但對這些成員而言，這種施捨是有今天未必有明天，所以某種程度上，獨裁者必須把一些權力分享給這些成員，或者建立某些制度讓他們放心。另一方面，對獨裁者而言，他也不知道統治集團內其他政治菁英派系何時會叛變，因此他也希望藉著黨內權力分享的制度化機制，以降低其他政治菁英反叛的可能。[13]

如上面所說，一黨專制下的黨內派系平衡，或者集體領導，就是一種讓大家都放心的制度，這樣誰當上了最高權位，也不是他一人說了算的，這樣大家才會放心地並齊心地一起捍衛他們共同的獨裁事業。[14]但一旦獨裁者破壞了原有的權力分享共識或制度機制，則其他菁英將不再信任獨裁者所做出的任何承諾，只有將鬥爭進行到底，別無其他選擇。同樣地，獨裁者也勢必無法完全信任任何一位政治盟友，因為他不知道反對他的政治菁英所形成的結盟範圍已經到哪裡了。

若黨內權力分享的制度化機制不能維持，則政權的穩定取決於獨裁者與其他政治挑戰者互相威脅毀滅對方的可信度。所以獨裁者為了要嚇阻挑戰者的反叛，必然會發動讓對方覺得可信的威脅或傷害；反之，對手為了害怕被完全消滅，也會發動對獨裁者具可信程度的傷害或威脅。[15]這樣下去，一旦任何一方察覺到對方存在對自己潛在的威脅，那麼進一步威脅對方勢將不可避免。當他不信任任何人，任何人也無法信任他。如此必然形成一種困境，那就是越想維持穩定，就會越不穩定。這就是獨裁者的第一種信任困局，存在於他與統治集團其他菁英之間。

另一種信任困境存在於獨裁者與人民之間。如果人民無法忍受當局的統治而起來反抗，獨裁者將面臨一種困境，那就是要不要退讓？一旦統治者將一部分好處從統治集團手中分給人民，這就形同一種退讓。但這種退讓有可能送出錯誤的信號：一方面人民會想，若是我們接受了你的摸頭就這麼退了，明天你會不會秋後算帳呀？

另一方面，反抗中的人民會覺得這個獨裁者可能是心虛吧，表面上是體恤人民，其實是害怕了吧？那就乾脆把革命進行到底，直接推翻獨裁者，把資源搶來給老百姓全分了！如果獨裁者一開始便知道退讓根本行不通，那就乾脆鎮壓到底呢？但這一方面要付出很大的代價，另一方面又埋下了人民未來的更大不滿，以及對獨裁者未來任何讓步的更加不信任。這種獨裁者對人民施恩卻不被人民信任的困境，勢將不斷堆高獨裁統治的成本。

從以上兩個信任困局，我們可以清楚看到習近平政權的為難處境。中共從毛澤東之後，就一直是一個集體領導的格局，雖然派系間的鬥爭沒有停止，但刑不上最高層領導的潛規則也一直被保持著。但畢竟這種潛規則沒有明文規定，沒有被打破也只是一種默契。這種默契在習接班前開始受到挑戰，在習接班後不斷被打破。習先設立了「深改小組」及「國家安全委員會」並身兼這兩個組織的組長和主席，將其他幾位本來與他平行的常委變成他在這兩個組織的副手，然後自己又兼任了十幾個小組長，利用紀委整肅異己，將自己的人安插進宣傳系統（任命魯煒為網信辦主任），在整肅兩個前任中央軍委副主席後又直接插手軍隊改革。這樣一種全面的集中權力，在二〇一六年初以來，已經導致了不少高層權力鬥爭的現象。我們可以在以下事件中窺見若干端倪，譬如任志強事件透露了習近平與王岐山之間的分歧，雖然習近平後來在個人崇拜上有所收斂，但任志強仍然遭受留黨察看的紀律處分；又如在全國人大期間習近平與李克強之間的冷互動也受到各界注意，之後團派的青年政治學院被停招本科生。這些都是極不尋常的跡象，標誌高層鬥爭似乎正方興未艾，也顯示習近平與其他中共高層菁英之間的信任關係已經動搖，很可能彼此已深陷某種「信任困局」。

四、後極權遇到轉型的極限

我們說明了後極權政體的特性，也說明了習近平所面臨的「信任困局」，我們再將論點帶回上述四個棋盤的譬喻，以便更清楚地剖析中共政權所面臨的問題。中共是一個「後極權」威權政體，意識型態作為初始的政權正當性作用已經消退，但卻深深地制約著整個政權變遷的出路。在後極權的黨國體制內，原本派系之間的平衡讓集體領導得以運作，權力繼承基本上也是在菁英派系間協商，如此維持住了派系之間的信任關係以及整個統治集團的團結。政權在此情形下相對穩定且有自信，可以和社會發展出某種具有韌性的非零和合作關係，對外也可以韜光養晦、和平崛起。相對地，這種穩定的代價是：因為派系間相互縱容而導致的全面腐敗，也因為派系平衡的權力格局而使得反腐永遠不可能貫徹。反腐只要一貫徹就會破壞派系間的權力平衡，就會導致政權本身的不穩定；反腐若不徹底，又會放任貪腐不斷侵蝕政權已經薄弱的正當性。這就是為什麼要說「反腐亡黨、不反腐亡國」了。政權正當性因為意識型態的消退以及貪腐的侵蝕而日漸衰敗，本來可以依靠經濟發展和與社會合作的公共治理來改善，偏偏又遇到中國經濟的快速起飛步入了放緩階段，先前所累積的許多泡沫埋藏了另一層危機，再加上政權對社會打壓，導致中共政權的正當性似乎已經岌岌可危。為了徹底解決這樣的問題，習近平曾在反省蘇聯倒台經驗後，發出了「黨內竟無一人是男兒」的喟嘆，誓言要為保護紅色江山而奮起。

此一奮起的第一步便是他在菁英政治棋盤上的大展身手。本書第二章由董立文教授撰寫〈習近平的權力之路〉，處理了習從十八大之前到十八大之後具體掌握權力的過程，包括了「整風運動」、「反貪腐」、「體制改革集權」、「中紀委擴權」等作為。董文指出，因為十八大之前沒有自己的班底，習近平必須在十九大之前趕緊培養自己的「習派」人事力量。然而根據導論所提到的「信任困局」，習近平很難完全按照自己的意思開成十九大。董文又指出，就算習開成了十九大，二十大要如何將權力交接下去，仍然是中共政權又一個繞不過去的難關。

本書第三章由徐斯儉和王占璽共同撰寫，兩位作者以「消失中的威權韌性」來描述習近平時期的國家社會關係。他們指出，習在面臨一系列他自認為的挑戰時，採取了「向極權遺產借將」的策略，譬如重整意識型態、築起以反西方為基調的「中國夢」、整黨整風、全面剿滅吞噬公民社會力量等。這些作為或許可以讓習以為徹底阻絕了他心中「勾結境外敵對勢力」的潛在敵人，但實際上這些公民社會的力量不但根本不足以挑戰政權，相反地卻可以為政權的治理提供協助，這就是許多學者所說「威權韌性」的來源。現在習將他們徹底剿滅壓制，其結果不但是讓政權直接面對社會矛盾，而且讓社會更為碎片化，並助長另一種仇恨西方的國族主義情緒，長遠來看這種「消失的威權韌性」只會增加局勢的不穩定性。

談完習近平對內的局勢，本書接下來處理政權面對的兩個結構性因素：國內外經濟、以及外交與安全局勢。關於中國經濟的分析，本書請到了盧俊偉、邱俊榮兩位學者來撰寫第四章。該章作者認為，對於中國經濟發展的解釋存在著兩種截然不同的觀點，一種解釋認為是因為國家戰略性介入的大政府因素所導致，另一種解釋則認為是因為改革開放的市場因素所導致。作者認為，從整體戰略的角度來看，政府干預的色彩的確濃厚，而在戰術層面，市場因素一度上升，但某些關鍵部門的政府干預陰影後來又重新浮現。作者引用了使用梭羅經濟成長模型的分析文獻，指出中國經濟成長在二〇〇八年後趨緩，主要是因為兩個原因：「資通訊科技資本」及「總要素生產力」的貢獻度下滑所致，其中又以「總要素生產力」的負面影響較大。所謂「總要素生產力」，指的就是經濟結構性與制度性的問題。這就是為什麼中國政府近年即便一再放寬銀根，其刺激效果卻越來越差的原因。作者指出，這就顯現了中國「原有經濟成長模式的極限」。而要突破此一極限，需要習近平大刀闊斧地整治無效率卻又非常頑強的國企部門，但提高整體經濟效率需要調整結構，非一蹴可幾之事，需要克服盤根錯節的經濟官僚既得利益，需要得到黨內各派系的支持。但習與李克強總理之間的緊張關係，以及一系列政策的反覆，似乎反映出習在經濟改革上遇到了政治困難。從本書的架構來看，政治權力棋盤上的對峙已經對習近平在經濟棋盤上的施展構成了牽制。

蔡明彥教授在本書第五章探討了習近平主政下中國的強勢外交。蔡文指出，因為中國國力強盛，且外交系統在整個官僚權力結構中的內部派系問題比較不嚴重，

「外交政策可視為習近平比較容易有所作為、甚至可以得分的場域」。基於此，習近平的確是「有所作為」的，譬如推動自貿區等區域經貿合作計畫、提出「一帶一路」和倡議設立「亞投行」，進行歐亞地緣戰略布局，在東海和南海則採行「既成事實」戰略設法取得先機。這些作為可以說某種程度都讓習政權在短期得分，但另一方面也對既存秩序形成衝撞挑戰，業已引起美國及其區域盟友的反制，形成了更長遠更廣泛的外部壓力與制約。

接下來的第六章由張國城教授處理習近平治下中國的安全軍事情勢。相對於外交系統，解放軍所牽涉到的派系鬥爭因素則複雜得多，而且如前所說，習近平有一種中共政權正受到「境外敵對勢力」威脅的認知。對此習近平採取了大動作改造解放軍結構的體制改革，仿效美國的聯合作戰指揮體系，集中權力於中央軍委聯合司令部，強化軍委直接統籌執行的能力。但張文也觀察到，與上述外交部門對外的大動作不同，習在軍事安全這一塊的大動作是對內的，這一輪軍改在短期看不出太多因應美日挑戰的直接作為，其對內的政治意義要大於對外的軍事意義，更重要的是在「強化軍委主席個人權力」。不過長遠而言，仍然有一種大戰略部署的意涵，未來如果這種聯合指揮的體系讓聯合作戰的能力真正提升，得以有力阻卻美日對台海的干預，張文認為將可能對台灣構成軍事威脅的危機。

第五、六兩章凸顯了習近平看似強勢的對外關係背後的矛盾，一方面，他認為美國與日本及其盟友在東亞對中國形成了圍堵及威脅，必須予以回應，因此在外交上非常強勢；但另一方面，當這種強勢外交需要軍事力量作為後盾時，習近平又發現解放軍目前的組織架構似不足以支持他實現這麼大的戰略意圖，因此進行了軍改。但若軍事力量並不足，為何一開始外交上要有這麼大的動作呢？這似乎是一種矛盾，但如果我們從上述的內政邏輯出發，這種表面上的矛盾就可以說得通了。對於習近平而言，對外的戰略部署是一個長遠的目標，能否實現並不立即影響其權力地位；但是反過來，處理內部的權力鬥爭卻是非常緊迫，一刻都不能拖延。藉由外交上的擴展來得分，為自己累積政治資本，有利於習清理內部敵對派系；又藉由清理軍隊的派系力量，為長遠的戰略能力預做準備。如此推論便符合前述所謂「動員理論」，也就是這些對外策略的主要目的在於短期內為習近平國內政治的需求服務。

本文從維護權力、以及為了保紅色江山的角度，來解釋為何習近平上台後採取一系列對內對外的強硬政策。除非十九大之前中共高層進行一場非常激烈的權力鬥爭，導致習近平徹底失勢，否則這一切在十九大習完成權力布局之前，應該不會有太大的改變。但如果十九大按照習的方式成功開完，之後仍會持續這樣的策略嗎？習仍然會繼續集權力於一身、打壓社會、繼續反腐、操控經濟、並對外強硬嗎？如果習的十九大開成了，等於證明了習路線的正確，那麼他繼續這個路線的可能性其實很大。但這個路線貫徹到底，勢必走向某種強調國族主義情緒、將周邊環境勾勒成有威脅的外交政策。也就是說，我們應該將習近平對外棋盤的策略與其對內棋盤的策略放在同一種總體棋局戰略來看。這種策略在短期有其一定的成效，但長遠難免走向某種強人政治，甚或帶有軍國主義傾向的政體。這種路線如果一直持續到二十大，那麼習的權力勢必如日中天，接下來真不知道要怎麼將權力平和交接出去。更可能的是用另一種更不穩定的威權政體來延續。若是如此，則對內對外皆未必是好事。但若十九大不能按照習的意思開成，則意味著黨內各派系某種程度制約了習。又若習沒有被取代，繼續做第二任，那麼這樣的第二任可能就像胡錦濤的第二任死水一潭，又回到慢性腐敗的路子；但若習無法甘於如此，那麼勢必又會回到第一任時期的高層鬥爭場景。

本文的最後一章，是由賴宇恩、黃怡安兩位研究員在這樣的思考下，撰寫習近平對台政策的分析。兩位作者指出，習近平具有「主動出擊、先發制人」的決策風格，並且在上台後著手組建自己的對台決策體系與管道，相對於江、胡兩位領導人，習近平的對台政策更敢「冒險」。兩位作者預估了民進黨新政府於二〇一六年五二〇就職後，習近平所可能採取的一系列政策動向，因為習曾揚言要「地動山搖」，因此兩位作者以「大搖」與「小搖」兩種情境進行分析，點出在不同情境下習可能採取的對台政策與措施。值得注意的是，按照上述十九大前後的政治邏輯，習近平對外政策的總體路線應該仍會繼續強硬，但未必會引起立即的軍事衝突。習近平身兼中共中央對台工作小組組長，其對台政策也一定是在上述整盤大棋局的總體戰略下進行。若是如此，至少在短期內很難期待習近平會採取比較緩和的對台政策。至少到十九大以前，習勢必面臨內外交錯的複雜情境，尤其是要處理政治局及常委的人事換班。雖然按慣例習將繼續做第二任，但根據本文所指出的，高層菁英之間已經出現「信任困局」，習勢必要防止別人批評或挑戰他在對台政策上的表現，因此他絕不可能示弱，甚至會不斷保持高壓。

從台灣的立場而言，應當盡量對北京採取穩健、不挑釁、不刺激的政策路線；但是也用不著輕易就範。本文認為，兩岸關係應當放在中國整體政局的走向之下來分析，兩岸關係同時必然也是中國與區域及整體對外關係的一環，因此僅僅圍繞在是否接受某些「通關密語」是見樹不見林。就算台灣政府複述了那些「通關密語」，但中共政體的本質仍未改變，對台政策仍要服務於其整體政策走向。習近平或任何中共最高領導人的對台政策，不是台灣接受某個政策立場就可以永久太平的，它必然是服務其整體權力棋局的一顆棋子。當其因權力繼承危機而繼續權鬥的需求沒有消失，台灣滿足北京當局一個通關密語之後，中共必然又會給台灣提出另一個更難的考驗。

作為本書的導論，本文的基本觀點是，觀察習近平的統治，應該要從整個中共政體的角度來分析，這樣才能分開習近平個人風格與整個政體兩個不同層次的問題。習近平會採取某些作為，不能僅僅從習的個人風格來看，更重要的是應該瞭解整個中共政權最根本的問題所在。習的統治風格與作為，其實是解決這個政權整體問題或危機的一種回應，在某種程度上，受到整個政體的根本性質與問題很大的限制。本文認為，作為一個後極權政體，中共要能平和地進行民主化轉型是非常困難的，這就是其轉型的極限。其正當性不斷流失是一個慢性危機，但若伴隨著經濟情勢快速惡化、高層鬥爭趨於激烈、外部矛盾不斷升高，這種慢性危機對掌權者的壓力可能陡增，進而促使其採取對內對外更為強硬的政策路線。一旦走上這種路線，除非中共高層透過黨內派系鬥爭，對最高領導人的權力起到一定有效的制約，否則不容易反轉。對中國自己、對世界、對台灣而言，都將是一個最不好的場景。比較和緩的變遷，是透過高層菁英某種派系平衡下的競爭，摸索出一套彼此能接受的客觀規則，以某種黨內高層投票的方式解決權力繼承的問題，如此便可能逐步向某種「競爭式威權」的方向變遷。唯有中國走上一條平和穩定的變遷道路，兩岸才能真正有一個和平雙贏的未來。

2

從孤鳥到十二把刀——習近平的權力之路

董立文

習近平上台之初，馬上集中黨的總書記、國家主席與中央軍委主席三位於一體，就剛上任的總書記而言，習近平的權力集中已經超過改革開放三十多年來的任何一位總書記。即便如此，從政權內部的權力格局來看，他必須與敵對派系和一個正在走向腐爛的體制同時進行一場零和博弈的棋局。

習近平執政後，若干學者的觀察意見是「習李體制與派系政治，將因改革運作、社會挑戰應對、以及制度規範貫徹程度，影響其績效與互動表現」、「未來中共政治權力重組過程中，任一派系不可能全面壟斷政治權力之分配，而是權力、利益交換與妥協的過程」。[1] 對習近平普遍的印象就是個打破規則的強人領導者，然而「集體領導、分工負責」制度、「遵守民主程序及多數決規則」的政治共識，仍是習近平依循的規範。[2]

顯然這些判斷都失準了，過去三年來，中共各個政治派系、政治家族或地方勢力，似乎全部服從在習近平一人之下，外界所常用的「上海幫」或「團派」、「太子黨」或「官二代」等，在習近平執政後，似乎都不適用了，至少無法用來解釋過去三年中共權力政治的發展。

至於所謂「陝西幫」——即習近平、王岐山、俞正聲等具有大陸北方「黃土情結」

的政治菁英，具有共同的人格特質，包括懷抱共產革命基地精神的高度自我認同、對主導國家發展的權力具有使命感等[3]——這個說法也與現在流行拿來形容習近平政治派系的「之江新軍」有著相當大的矛盾。

儘管習近平的掌權之路，屢屢出乎外界意料之外，但是始終不脫中共權力鬥爭的歷史發展軌跡。回到中共十五大前夕江澤民的掌權之路來看，當時「如果把毛澤東時代與鄧小平時代形容為『人治』的話，英雄時代的結束與平庸時代的開始便標誌著江澤民時代已經進入了『群治』時代。」[4]以及「江澤民時代的重大特點是，希圖借助中共傳統的政治資源和政治手段，加強中央對於全黨的控制，並尋求提升全黨的戰鬥力；在實質性的重大政治決策問題上，企圖避開正式決策程序，尋求會外的解決；在人事上，持續努力以增強江澤民的權力基礎與政治地位。」[5]

歷史就算不會重覆，也可提供給吾人一種參考架構。今天的習近平似乎正把中共「群治」的時代拉回「人治」的時代。在中共十九大之前的習近平，正跟當年十五大之前的江澤民如出一轍。儘管習近平的集權方式比江澤民做得更好更快，但是這兩個人的奪權方向與執政思維並無不同。

目前，中共的派系政治正在重組分化，吾人在分析這個過程中，不只運用了「派系政治」理論，[6]更需注意偉人理論（great-person theories），意即在解釋極權國家與獨裁政權的政策行為時，偏重領導者的人格特質。[7]據此，本文將以三個部分來說明習近平的權力之路：一、接班時的權力格局；二、接班後的權力布局；三、未來的權力棋局。

政權內部菁英政治的棋盤最重要，因為所有政治人物都將政治生存當作第一考慮。習近平也不例外，他也是將其自身是否能完全操控政權和黨內統治集團，並移除政治上對手的挑戰作為首要任務。

習近平上台後曾經說過：「把權力關進制度的籠子裡」，引起外界對中國政治改革的期望與想像，只是謎底揭曉，習近平是要把別人的權力關進制度的籠子裡，而這個制度完全由他個人制定，並美其名為由頂層設計的「全面深化改革」。針對習近平接班後的權力布局，本文將從整風運動、反貪腐、體制改革與中紀委擴權這四個層面，勾勒出習近平個人集權式的改革軸線。

目前習近平掌握了「十二把刀」，除擔任中共中央總書記、國家主席、中央軍委主席、中央外事工作領導小組、對台工作領導小組的組長之外，還自創並兼任中共全面深化改革領導小組、中央網路安全和資訊化領導小組、中央財經領導小組、深

2 從孤鳥到十二把刀——習近平的權力之路

董立文

化軍改領導小組、中央統戰工作領導小組組長、國家安全委員會主席與軍委聯指總指揮。

在中共黨史上，習近平無疑是掌握最多權位的第一人，但這究竟意味著他的權力鞏固？還是權力脆弱？本文認為，這恰巧代表習近平的權力尚未鞏固。權力鞏固對中共的標準而言是「黨管一切」（或是堅決聽從黨中央），但其實是指總書記要管一切與控制一切。所謂「一切」的意涵有兩層，一是客觀的一切，包括政治、經濟、社會、文化甚至是外交權力的一切；二是指總書記心中主觀所認為的理想狀態，包括黨內、國內與國際的一切理想狀態。若是如此，則習近平要追尋的權力鞏固／黨管一切，將如無腳之鳥，永遠奮力飛翔，無邊無際。

一、接班時的權力格局

所謂的「第五代領導人」，是中共第一次在沒有政治強人主導下，真正由現任領導集體自己決定接班集體。結果在二〇〇七年六月二十五日，「中共中央在北京召開黨員領導幹部會議，就可新提名為中央政治局組成人員預備人選進行民主推薦」。十月二十二日，「在北京選舉產生了二十五人組成的第十七屆中央政治局」。[8]這是中共黨史上史無前例地由所謂「黨員領導幹部會議」用「民主推薦／選舉」的方式推出政治局委員，習近平就是在這種方式下脫穎而出，成為中共第五代領導人的備位儲君。

從中共黨史的角度而言，這既是一種「制度創新」，但更像是一場政變。因為過去政治局委員以上領導人的產生常常是由各大政治勢力協調的結果，而最高領導人享有主導權。這次顯然胡錦濤的主導權被拿掉了，改由前所未聞的「黨員領導幹部會議」來決定。

問題是，召開「黨員領導幹部會議」的規則是什麼？而「民主推薦／選舉」的範圍又有多大？在江澤民、胡錦濤執政時期，集體領導是指政治局常委的那九個人共同決策，但某些重大決策則包含了退休政治局常委們的參與，因為退休常委們有權對重大政策表達意見並且改變決策。在十七大決定接班人時，「黨員領導幹部會議」（集體領導）是指中央候補委員含退休老幹部的四百多人，由他們投票決定接班人是習近平。到了十八大，老人干政與民主徵詢兩個特色一齊展現，集中在對入常人選與十八大政治報告的不同意見上。

十八大人事名單出爐後，政治局常委是習近平、李克強、張德江、俞正聲、劉雲山、張高麗和王岐山等七位；胡錦濤裸退，不留任中央軍委主席。這樣的安排卻造成三大悖論：第一，制度化與民主化的矛盾；第二，制度化與穩定的矛盾；第三、制度化與權力集中的矛盾。「習核心」已隱約浮現。

中共高層的權力接班如何「制度化」是一高度爭議的問題。十八大「制度化」的核心精神卻是論資排輩，[9]新上任的五個常委就由前五個資歷最完整與年齡最大的人來當；九席變七席成為改革宣傳的重點，意指這一屆的常委會是團結而穩定的；胡錦濤裸退的制度化，也被形容為防止江澤民干政。以下針對制度化的三大悖論加以說明。

第一，制度化與民主化的矛盾：過去的排名次序，把全國人大委員長放在總理前面的理由是為了體現民主精神，這次沒有說明理由就把總理的排名放在全國人大委員長之前，這麼做明確抵銷十八大政治報告的政治體制改革裡，把「通過人民代表大會行使國家權力」放在六個方向首位的苦心，行政權還是大過立法權。

更重要的是，十七大的時候，中共最高層的四百多個成員，以一人一票方式舉行民主推薦，當時排名第一、第二的習近平、李克強成為接班人。這次官方公布五月就舉行了民主推薦，換言之，這些人選並不是在十八大時決定的，同樣的，有權投票者與被選舉人是誰？以及全部的排名為何？至今仍不為人知。

第二，制度化與穩定的矛盾：制度化的目的本來是穩定，但是中共卻把老人干政給制度化了。十八大主席團常務委員會名單中（共四十一人），列入退休老幹部共十一人，江澤民連續坐在十七大與十八大的主席台中央，如此安排讓老人干政有了制度上的合法性，讓他們對十八大的任何議案都可以提意見。未來再加上退休的七個常委，十九大時有影響力的老人就有十八人，若再加上三個總書記坐在主席台中央，那真是有趣的畫面。

這樣的人事安排出於平穩過渡，到了十九大才是新紀元。五年後召開的中共十九大上，除習近平、李克強將繼續留任外，其餘十八大常委將悉數卸任。如此一來，習近平在五年後無論於黨內的資歷還是權威都將不再是施政的最大障礙，政治上的羈絆已最大限度地予以掃平。

更重要的是，十八大新上任的五個常委年齡過高，五年後就要退。而這一屆新任的政治局委員中，有資格在十九大爭取常委的人，比十八大還多，十八大是八搶五，十九大則是十一搶五，這就表示，過去五年中共黨內權力競逐的遊戲，未來五年還要再玩一遍。

第三、制度化與權力集中的矛盾：九席變七席與胡錦濤裸退，不只意味著習近平的迅速接班，更意味著權力的迅速集中。十八大讓胡錦濤最難堪的是，常委九席看起來是專門針對他的設計，他既然下台了，常委就恢復七席。而軍權與政法委權力都集中在總書記身上，尤其是過去十年間政法委系統迅速膨脹，其經費急遽增高甚至超過國防預算，使得未來習近平的權力揮灑空間恐怕大於江澤民。習近平在就職演說有這麼一句話：「使我們的黨始終成為中國特色社會主義事業的堅強領導核心。」看來「習核心」已隱約浮現。

與此相對的是，所謂的「團派」幾近被殲滅，胡錦濤放下武器的做法，不但對江澤民的奪權沒有實際的限制，更形同鼓勵上海幫的擴張。這從新任常委的派系屬性、胡辦主任陳世炬連中央候補委員都被排除、軍隊建設思想指導方針有江沒有胡（胡的軍委主席十年形同白幹），可見一斑。此外，國務院總理這個位置如果不掌握組織人事權力與軍事安全勢力，那就撐不起一個政治派系，只能照顧自己的家族。這種權力格局預示未來可能是上海幫與太子黨彼此之間與各自內部的分化與重組，團已成不了一派。

二、接班後的權力布局

習近平執政三年來，不僅「集體領導制度」消失，更不存在所謂的「習李體制」。他究竟是怎麼做到的？本文認為習近平主要是從整風運動、反貪腐、體制改革與中紀委擴權這四個層面，來完成他個人集權式的改革軸線。

（一）整風運動

二〇一〇年習近平還在擔任中共中央黨校校長時，就提出所謂的「四風建設」與「四個大興」，前者是指中共黨內的作風建設問題，主要表現在形式主義、官僚主義、享樂主義、奢靡之風等四風；後者是指大興密切聯繫群眾之風、大興求真務實之風、大興艱苦奮鬥之風、大興批評與自我批評之風。[10]這些話一般認為都是八股老套，在當時並沒有引起注意。

二〇一二年三月十六日習近平發表題為〈扎實做好保持黨的純潔性各項工作〉的文章，就黨風問題說出重話：「現在，有些黨員和黨的領導幹部在市場經濟大潮中暈暈乎乎、頭腦發熱，不能正確認識價值問題，不能正確對待個人利益，導致精神支枉坍塌、人生方向迷失，有的甚至守不住黨紀國法的底線，最終走向腐敗墮落，教訓是極其深刻的。」[11]當然，這些重話在當時也沒有人認真看待。

沒想到習近平上台後就風火厲行，首先公布《十八屆中央政治局關於改進工作作風、密切聯繫群眾的八項規定》，針對黨內各種奢華浮誇風氣進行糾正，並且以身作則，政治局常委集體行動參加活動，希望能改變黨內風氣。[12]配合整風運動，中共中央辦公廳印發「七講七不講」在中共內部進行大範圍（下達至基層縣團級）通報學習，緊收輿論管控，以主導社會意識型態和媒體輿論，進一步強化對民眾特別是青年學生和知識分子的思想和意識型態的教育。[13]

此後，中共黨中央又提出「六項禁令」，明確禁止破壞風氣的活動，以補上述兩類規定的不足，立意在減少基層政府的支出，以免上級的訪視與視察造成地方困擾。另外對於年節送禮，以及透過各種名義公款吃喝的弊端，也明確加以禁止。[14]在雷厲風行之下，中共內部雖未立即產生弊絕風清的效果，但也嚴重影響餐飲、禮品、高檔商品的經濟活動。直到三中全會前，中共中央政治局又印發了《黨政機關厲行節約反對浪費條例》，針對黨、政與國有企業等機關人員的兼職、公款花費、開會、接待與送禮等問題，予以更細密的規定。[15]

伴隨著這些講話、規定與禁令而來的，就是正式的整風運動。二〇一三年中共成立「中央黨的群眾路線教育實踐活動領導小組」，組長為中央政治局常委劉雲山，副組長為中央組織部部長趙樂際。四月中共中央政治局召開會議，決定在全黨自上而下分批開展黨的群眾路線教育實踐活動。五月中共中央下發了《關於在全黨深入開展黨的群眾路線教育實踐活動的意見》，明確這次活動由中央政治局帶頭開展。六月中共中央在北京召開「黨的群眾路線教育實踐活動工作會議」，習近平親自出席會議對該項活動進行部署。

這個活動雖然以「開展黨的群眾路線教育實踐活動」為名義，卻也是黨內貨真價實的整風運動，習近平特別以「照鏡子、正衣冠、洗洗澡、治治病」來描述這次的運動，其中說到：「洗洗澡，主要是以整風的精神開展批評和自我批評」、「治治病，主要是堅持懲前毖後、治病救人方針」、「開好民主生活會，堅持團結—批評—團結的公式」。[16]隨後所推動的批評與自我批評，習近平親自到河北省等地主持省委常委班子教育實踐活動專題民主生活會，並聆聽省委批評與自我批評實況。

「群眾路線」、「整風運動」、「批評和自我批評」與「懲前毖後、治病救人」無一不是承襲毛澤東而來。眾所周知，從「延安整風」開始，中共黨史歷年來的「群眾路線」或「整風運動」，無一不是跟建立毛澤東的個人絕對權威連結在一起；而「批評和自我批評」或「懲前毖後、治病救人」更是政治鬥爭與階級鬥爭的代名詞。

在此必須強調的是，習近平的整風運動不僅僅是一種黨內的「洗澡治病」運動，更是黨內淘汰與清洗的制度，中共中紀委就把「八項規定」、「六項禁令」和反「四風」列入對黨員幹部的紀律檢查範圍內，[17] 從而形成黨內反腐敗工作的一環。

（二）反貪腐

如果說，整風運動是表面工作的話，那麼，習近平這三年來對中共高官的反貪腐，就是一項貨真價實而血淋淋的政治清洗。尤其是在中紀委書記王岐山的指揮下，向黨、政、國有企業與地方各部門，大派中央巡視組去進行整風與反貪運動。

在十八大後第一次政治局集體學習會議上，習近平強調了腐敗問題愈演愈烈，最終必然會「亡黨亡國」。這種場景似乎回到一九九四年的十四屆四中全會，那一年江澤民開始獨立當家，他的政策宣言重點也是反腐敗。胡錦濤剛上台時，跑到西柏坡去懷念毛澤東，強調的同樣是反腐敗。

二〇一四年六月三十日中央政治局舉行第十六次集體學習，學習內容為「加強改進作風制度建設」。二〇一三年四月十九日中央政治局進行第五次集體學習，學習內容為「我國歷史上優秀廉政文化」。二〇一五年六月二十六日中共中央政治局進行第二十四次集體學習，主題為「加強反腐倡廉法規制度建設」。同日，中央政治局會議審議通過《中國共產黨巡視工作條例（修訂稿）》、《關於推進領導幹部能上能下的若干規定（試行）》。[18]

據中共官媒《人民網》的報導，十八大以來的兩年時間裡已經進行了五輪巡視。其中，前四輪巡視已實現了三十一個省區市和新疆生產建設兵團的「全覆蓋」。到了二〇一五年的中央巡視工作動員部署會，中共決定在二〇一六年完成對中央管理國有重要骨幹企業和金融企業巡視全覆蓋。這意味著巡視工作將迎來第二個「全覆蓋」，而中央管理國有重要骨幹企業和金融企業共有六十八家。[19]

但據中共中紀委自己的公布，十八大以來，中央巡視組已經開展八輪巡視，巡視了一百四十九個地區和單位，實現了對地方和中管央企的全覆蓋。而中央巡視工作領導小組辦公室處長羅禮平說，中央一級的巡視全覆蓋任務有二百八十多個，具體可以細化為地方、部門、央企、金融、事業單位等五個板塊。二〇一六年將重點推進對部門和事業單位的全覆蓋，確保在黨的十九大召開前，對中央管理的所有地方、部門和企業單位黨組織全部巡視一遍。[20]

僅在二〇一五年這一年，就有二十八名省部級幹部接受組織調查，而被通報立案審查結果的有三十五名省部級領導幹部，根據領導幹部的身分進行統計，三十一人為黨政領導幹部；三人為國企領導幹部；一人為事業單位領導幹部。[21]

本文根據中共官方媒體的報導統計，不包括軍方、但把徐才厚與郭伯雄列入，則自二〇一二年十二月至二〇一五年十二月期間，就有至少一百位省部級以上官員腐敗遭到查處或是作風不正遭到「點名通報」，[22]如附件一：中共省部級以上官員腐敗查處一覽表。（見頁二四三）當然，這是一個不完全的統計，實際的數字只會多不會少。其中，已有四名政治局委員落馬：薄熙來、徐才厚、周永康、郭伯雄；七名中央委員落馬：蔣潔敏、李東生、楊金山、令計劃、周本順、楊棟梁、蘇樹林；十一名中央候補委員落馬：李春城、王永春、萬慶良、陳川平、潘逸陽、朱明國、范長秘、王敏、楊衛澤、仇和、俞遠輝。

習近平這份反貪腐名單，的確是中共黨史上破紀錄的成績單，但也讓國內外研究中國政治的專家跌破眼鏡。由於習近平的所作所為，打破許多中共政治的常軌與潛規則，使得既有的政治常理或理論方法失去解釋能力，無法說明習近平到底想幹什麼？以及這種以「人治」為主的反腐敗鬥爭，究竟會對中共政局造成何種影響？

中共官方或是說習近平自己，對這場反腐敗運動的詮釋是矛盾的。一方面反腐敗的出發點是為清明吏治與廉政法制建設，兼及為中共幹部「洗澡治病」，於是《人民日報》有好幾篇專文駁斥反腐敗是為了政治鬥爭，例如「自作聰明地認為這是派系鬥爭的結果。反腐敗問題上的權力鬥爭說顯然荒唐」、[23]「有人把『紀委反腐』等同於『權力反腐』，這委實是對紀委職能的無知」等。[24]

另一方面，習近平自己或中共官媒又發表專文，討論反腐敗就是反「政治野心」與「權力鬥爭」，例如「習近平強調，法治之下沒有鐵帽子王，更點名批判周永康、薄熙來、徐才厚、令計劃、蘇榮等人『背著黨組織搞政治陰謀活動，搞破壞分裂黨的政治勾當』。有的領導幹部把自己凌駕於組織之上，老子天下第一，把黨派他去主政的地方當成了自己的『獨立王國』，用幹部、作決策不按規定向中央報告，搞小山頭、小團夥、小圈子。他們政治野心很大。」[25]

又如「從查處的嚴重違紀案件看，往往政治問題和腐敗問題交織，經濟腐敗為政治目的服務。一些腐敗分子為了保住並攫取更大經濟利益，在政治上有更大的訴求，從而搞團團夥夥、搞小圈子，這對黨造成的損害更大，嚴重危害黨和國家政治安全。」[26]「秘書政治已經成為滋生腐敗大案、窩案的土壤，秘書腐敗不容小覷。秘書腐敗同其他公權力腐敗一樣，都是權力沒有得到有效約束的惡果，唯一有所區別的是，秘書並非核心權力本身，而是接近核心權力。」[27]

換言之，反腐敗的目的包括清明吏治與廉政法制建設以及反「政治野心」與「權力鬥爭」，問題是這二者都說不通。

首先，習近平的反腐敗打破了中共政治過去二十年來所形成的常規，包括刑不上常委、基本上不追究退休高官、解放軍是反腐禁區等。更重要的是，過去歷史顯示，江澤民與胡錦濤剛上台時所宣布的反腐敗，屬於新官上任燒的三把火，熱度不會超過半年。雖然江、胡二人分別在十四大、十六大之後，用反貪腐的名義把北京市委書記陳希同與上海市委書記陳良宇拉下馬，但一般的認知是，拉下政治局委員層級高幹的目的不在反貪腐，而在殺雞儆猴以示總書記權力地位的鞏固。

江、胡鞏固權力後，反腐敗的重點就轉入理論探索與制度創新的範圍，屬於書面作業與宣傳工作的一環。於是，過去二十年來，中共反腐敗的法制建設由點到線到面，形成全方位的反腐法制體系；相對的，中國的腐敗也由點到線到面，形成全方位的腐敗利益體系。最後，社會上充斥著「腐敗是經濟的潤滑劑、政治的黏合劑」

這種具有中國特色的腐敗觀。

但是，習近平的反貪腐是文化大革命之後中共最大規模的幹部整肅，甚至打破了「解放軍的反腐禁區」，導致中國政局的現況是官不聊生。權力鬥爭論無法解釋習近平的反腐敗竟走到這種地步，因為反腐敗的對象擴及所有的政治家族與派系，覆蓋了全國三十一個省區市，團派、上海幫、李鵬家族、四川幫、廣東幫、山西幫等統統都有，這已經超過習近平鞏固個人權力所需的範圍，也違背了毛澤東「拉一打二」的權力鬥爭邏輯。

其次，若說這是真心為了反腐倡廉與清明吏治也不通。中共當局非常清楚，針對權力尋租體制的改革，就是實施分權與制衡的民主制度。習近平說「把權力關進籠子裡」是邏輯不通的，權力就在那個做籠子的人身上，客觀效果一定是習近平「把別人的權力關進籠子裡」。何況用中央巡視組的方式反貪腐，就類似封建皇權時代的欽差大臣加東廠，是人的意志決定而非制度保證。

(三) 體制改革

在政治體制改革上，過去十年胡錦濤所著力的重點是「要把制度建設擺在突出位置」，也就是「推進社會主義民主政治制度化、規範化、程序化」。胡錦濤以身作則進行許多改革，例如對政治局常委職位和責任的明確分工，對全部政治局會議進行公開報導（含學習會議），總書記對中央委員會述職制度，強化書記處及弱化政治局的決策功能，平衡政治局委員黨政、地方、軍隊和國安的代表結構等。

相反的，習近平所進行的政治體制改革，不在分工與平衡，而在削藩與集權。中共十八大三中全會是一代表作，三中全會公報宣布成立「全面深化改革領導小組」，公報對其功能的說明是：「充分發揮黨總攬全域、協調各方的領導核心作用，提高黨的領導水準和執政能力，確保改革取得成功。中央成立全面深化改革領導小組，負責改革總體設計、統籌協調、整體推進、督促落實。」[28]其實，只要把這段文字中的「黨」改成「習近平」就更清楚了。

這是在削減總理李克強的經濟決策權，但不僅於此，改革是全方位的，包括政治、法律、社會、文化、外交、國防等領域都可以包含在這個「領導小組」的工作範圍內。設置在黨內的目的是要讓習近平能夠發揮總攬全域、協調各方的領導核心作用，於是這個「全面深化改革領導小組」變成小國務院，主任與副主任都是「之江新軍」。到了五中全會也是由習近平提出「十三五規畫」，凌駕李克強，取代過去二十年的「集體領導、分工負責」制，往一人獨裁的家長制發展。

其次，公報出乎預料地提出「設立國家安全委員會，完善國家安全體制和國家安全戰略，確保國家安全」這一段話，其實「完善國家安全體制和國家安全戰略」這兩句話在過去十六屆四中全會、十七大與十八大政治報告裡都出現過，現在習近平終於下定決心要做，他在「說明」中解釋如下：

「當前，我國面臨對外維護國家主權、安全、發展利益，對內維護政治安全和社會穩定的雙重壓力，各種可以預見和難以預見的風險因素明顯增多。而我們的安全工作體制機制還不能適應維護國家安全的需要，需要搭建一個強有力的平台統籌國家安全工作。設立國家安全委員會，加強對國家安全工作的集中統一領導，已是當務之急。」[29]

問題是舊的，即「國內安全問題與國際安全問題交織互動」的風險因素明顯增多，但是目前的安全工作體制機制不符合需要，於是要搭建一個強有力的平台統籌國家安全工作。這個強有力的平台應該至少要統籌政法、軍隊、外交與安全系統，問題在於，按習近平的定位，這個「國家安全委員會」的任務是「制定和實施國家安全戰略，推進國家安全法治建設，制定國家安全工作方針政策，研究解決國家安全工作中的重大問題」，那麼這將是一個工作範圍廣闊的實權單位。然而，這個單位無論是設置在黨內或是政府內，都將造成中共重大的體制變革，如果最後「國家安全委員會」是橫跨黨與政的一個機構，那麼習近平將是一個大權一把抓的超級總書記。

（四）中紀委擴權

三中全會《決定》在「強化權力運行制約和監督體系」這一節，特別說明：「落實黨風廉政建設責任制，黨委負主體責任，紀委負監督責任，制定實施切實可行的責任追究制度。各級紀委要履行協助黨委加強黨風建設和組織協調反腐敗工作的職責，加強對同級黨委特別是常委會成員的監督，更好發揮黨內監督專門機關作用」與「全面落實中央紀委向中央一級黨和國家機關派駐紀檢機構，實行統一名稱、統一管理。派駐機構對派出機關負責，履行監督職責。改進中央和省區市巡視制度，做到對地方、部門、企事業單位全覆蓋。」[30]當時，這段文字並沒有引起中國內部與國際社會的關注，沒有人想到這段敘述竟然成為未來中共黨內政制發展的關鍵。

中紀委書記王岐山要求，派駐機構對派出機關負責，履行監督職責。針對不同部門的規模、性質、特點，分門別類，探索派駐的有效途徑和方式方法。監督執紀是派駐機構的首要職責，要突出抓好黨風廉政建設和反腐敗工作這個主業，落實派駐機構管理各項規定，建立健全約談制度，定期向中央紀委報告工作。中央紀委副書記趙洪祝強調，派駐機構全覆蓋是黨內監督的重要組織制度創新。派駐紀檢組要明確職責定位，貫徹黨章要求，強化監督執紀問責。要督促駐在部門黨組（黨委）和機關各級黨組織落實主體責任，層層傳導壓力。[31]中央巡視工作動員部署會則指出，要進一步整合資源、充實力量，從中央紀委、中央組織部、審計署、國有重要骨幹企業監事會和省區市紀委、中央紀委派駐紀檢組抽調幹部。[32]

隨著中共反貪腐工作的需要，以及中紀委／中央巡視組進入黨政各部門與各地方實際工作的經驗，中紀委／中央巡視組所需要的能量越來越多，亦即中紀委／中央巡視組權力越來越擴大。首先是中紀委的組織擴權，這是指中紀委對黨內其他部門的領導、協調、監督與介入；其次是中紀委的制度擴權，這是指中紀委對黨內制度法規的修訂、新訂與監督執行。

首先，根據中央要求和巡視工作職責，中央巡視組將主要受理反映進駐地領導班子成員、下一級領導班子成員和重要崗位領導幹部問題的來信來電來訪，重點是關於黨風廉政建設、作風建設、執行政治紀律和選拔任用幹部方面的舉報和反映。

除上述工作外，中央巡視組表示，其他不屬於巡視受理範圍的信訪問題，將按規定由被巡視單位和有關部門認真處理。[33]

又如，中央巡視工作動員部署會明確說明：從巡視、審計、信訪反映的問題以及審查案例引出的問題線索看，國有企業在管黨治黨、黨風廉政建設上也存在一些普遍性問題，有的問題相當突出。[34]中央巡視組回饋意見後，及時向中央辦公廳領導作了報告，中辦領導高度重視，要求中央直屬機關事務管理局全力抓好整改落實。成立巡視整改工作領導小組，下設領導小組辦公室，負責巡視整改的組織協調、督促檢查，機關黨委副書記、機關紀委書記兼任辦公室主任；局領導班子成員按照「一崗雙責」要求，抓好分管範圍內的巡視整改工作。[35]

其次，在制度擴權上，中紀委以落實《中共中央辦公廳關於各單位落實黨風廉政建設主體責任和監督責任的意見》的名義，先後制定印發《中直管理局黨風廉政建設責任事項清單》、《中直管理局領導班子進一步加強黨風廉政建設的規定》，分別明確各級領導班子及成員的黨風廉政建設主體責任、局機關紀委的監督責任以及相關職能部門的責任，涉及六個方面五十四條具體事項。分類修訂《黨風廉政建設責任書》，制定《中直管理局關於建立權力運行監督機制的實施意見》，提出健全科學民主的決策機制、權力制衡和資訊公開機制、權力運行監督機制等三項目標任務，明確十六項「顯性權力」、五項「隱性權力」，提出十七條具體監督措施和七方面保障機制，探索建立全方位全覆蓋立體式權力運行監督機制。[36]

中紀委的組織擴權在二〇一五年四月達到新的高峰，此即中央紀委向中辦、中組部、中宣部、中央統戰部、全國人大機關、國辦、全國政協機關派駐紀檢組。這在中共黨史上尚屬首次，具有「歷史性」意義，也是邁向中央黨政機關派駐全覆蓋的重要一步。中共專家說：這七家核心部門是掌握權力的重要機構，向其派駐紀檢組，是密織反腐大網、推進制度治黨、重構政治生態的重要舉措。[37]

目前，無論是中紀委的組織擴權或是制度擴權都還在持續中，然而更重要的還是中紀委所擴張的權力，是「整人辦人」的權限。用中紀委的術語來講為：「巡視是在給黨的肌體作體檢，要落實全面從嚴治黨的要求，劍指問題。巡視成果運用是影響巡視生命力的關鍵因素。巡視整改要真正落到實處，關鍵看整改，誰的問題誰負責整改。那麼，針對巡視組交給的整改作業——移交的問題線索，各被巡視單位完成得如何呢？一起來看看單位對有關人員的處理。」[38]其實，答案就是看各單位「整人辦人」的成果。從這種制度設計而言，中紀委可以說是類似中國古代的欽差大臣兼東廠的混和體而長駐在各地方與各單位當地，是一種集權與高壓的制度。

胡錦濤執政十年，政法委以維穩工作為名義的擴權，幾乎把中共黨和政府各部門所有重要的職掌與功能，全都涵蓋在內。最後，政法委從上到下幾乎可以指揮或協調各個部門，而形成「第二個黨中央」或「黨內的巨獸」。[39]現在，習近平才執政三年，中紀委已經變成「第二個黨中央」或「黨內的巨獸」，令中共黨內幹部更加聞風喪膽。

三、未來的權力棋局

習近平雖然屬於紅二代，但過去幾乎是孤鳥一隻，不屬於任何政治派系或地方勢力，也許這正是他被「民主推薦」的重要原因，但同時也是他在黨內想要鞏固權力的最大挑戰。就十八大的其餘六個政治局常委而言，目前只有王岐山是習的政治盟友，其他五人分屬不同的政治派系或地方勢力。就其他的十八位政治局委員而言，除了習近平的重要幕僚栗戰書外，雖然都臣服於習的領導下，但都各有不同的政治淵源或地方背景。而黨內各部門、國務院各部委與地方省級領導一把手的情況也差不了多少。這就是習近平要突破的權力困境。

習近平的解決之道之一，是在短時間內盡可能將所有的權位集中在自己身上，目前習已經掌握了「十二把刀」。華國鋒曾是中共黨史上兼任職務最多的領導人，當年沒有國家主席、沒有政法委，他一度身兼黨主席、軍委主席、國務院總理和公安部長。但在中共歷屆最高領導人中，權力最大的首先是毛，其次是鄧，而毛和鄧擔任的職務卻不多。在中共體制下，職務不等於權力。職務多不等於權力大，職務少不等於權力小。因為決定權力實際大小的，除了職務，還有聲望，還有人脈或曰派系。[40]

習近平的解決之道之二是培養「習派」，本文所指的「習派」包括四個領域，一是舊識或同學同鄉；二是「閩江舊部」；三是「之江新軍」；四是「浦江舊部」。當然，外界也有把「習派」統稱為「之江新軍」，但實際不然。當然，這四個領域的分類都存在某種程度的含混模糊，政治派系本來就是非正式與非制度化的黑盒子，本文目的只在於歸納出習近平的「用人哲學」與派系結構。

就習的舊識或同學同鄉而言，目前浮出檯面的代表人物為中辦主任栗戰書、中組部副部長陳希、遼寧省委書記李希等人。「閩江舊部」則包括國家能源局副局長鄭柵潔；發改委第一、二副主任劉鶴、何立峰；公安部紀委書記鄧衛平；北京市公安局長王小洪；中共中央國家安全委員會常務副主任蔡奇等人。「浦江舊部」則包括習辦主任丁薛祥、中央警衛局長王少軍、中紀委副書記楊曉渡、廣東省委宣傳部長慎海雄等人。

「之江新軍」是指二〇〇二年至二〇〇七年習近平擔任浙江省委書記的浙江舊部，包括舒國增、黃坤明、鐘紹軍、施克輝，陸續坐到了中央會議的中直機關幹部坐席區。黃坤明擔任中宣部副部長；鐘紹軍則直接肩掛大校軍銜，在中央軍委辦公廳擔任要職。在地方上，夏寶龍、李強分別擔任浙江省委書記和省長。巴音朝魯現任吉林省委書記，是省委書記中唯一的少數民族幹部。陳敏爾現任貴州省委書記，樓陽生現任山西省委副書記，陳豪現任雲南省長。在習近平曾經工作過的上海，還有兩位浙江官員：原浙江省高院院長應勇，現任上海市委副書記；另一位是剛剛調任寶鋼總經理的原浙江省委常委、溫州市委書記陳德榮。

目前被歸類為「習派」的人，還包括那些「神秘舊部」、「歸順」、「打進習朋友圈」、「被習賞識」的人等不一而足，顯示「習派」還在發展之中。[41]外界對習近平的「用人哲學」評價並不高，包括一是好用舊部，二是喜用低調務實的官員，在此前都

「名不見經傳」。[42]習選人用人與其個人經歷有極大關聯。習接班的過渡期較短，令他在人事布局方面可選擇範圍較窄，而這種用人格局，可能會造成一個封閉的決策系統。[43]

外界也注意到習近平與同事和顧問、國家部委的技術官僚們保持著更遠距離，做決策主要依靠自己的知識和直覺。習近平嚴格堅持其權威地位、不放棄任何權力的做法，或是他文革經歷的結果，信任是那代人所缺少的東西。[44]但習近平統治的核心集團是中共統治六十六年來最高深莫測的團隊，這不僅讓外界難以瞭解中國的真實意圖，也缺乏向中共最高層傳達心聲的管道。[45]

也許「習派」成軍的速度太慢，或是有許多不盡人意之處，因此二〇一五年六月二十六日，中共中央政治局審議通過《關於領導幹部能上能下的若干規定（試行）》，明確了「政治上不守規矩、廉潔上不乾淨、工作上不作為不擔當或能力不夠、作風上不實在」這四類幹部必須進行組織調整，為推進幹部能上能下進一步提供了遵循，可以預見，「能上能下」新規的出爐，作為中共對組織層面的一個重大調整，將會對中共的人事體制產生重大的撬動效應，[46]並為抓好這項試點進一步提供了遵循。[47]

據說，習近平還提出一份省部級以上「能上能下」的名單進行了商議，這個名單不但涉及所有省部級高官的升降，還直接涉及兩年後中共十九大五位政治局常委的權力接班問題。[48]習近平想要一把抓的企圖太明顯，至於他能不能成功？得看後續的人事變動，才能進一步判斷。

姑不論習近平是否提出這份「能上能下」的名單，光是這個規定的出台及其內容重點集中在「幹部能下」的討論，就可顯示習近平對整風運動與反腐運動的成果並不滿意，對現存中共權力結構的幹部有意見，所以才要把黨內整肅提升到定義更抽象、範圍更擴大的層次，不然何謂「政治上不守規矩、廉潔上不乾淨、工作上不作為不擔當或能力不夠、作風上不實在」？

四、結論

整體而言，習近平是在上任後才開始找自己的班底，所謂的舊識或同學同鄉、「閩江舊部」、「之江新軍」與「浦江舊部」，乃至於「神秘舊部」、「歸順」、「打進習朋友圈」、「被習賞識」的人等，都是從習近平個人在各地的從政經驗發展而來。目前為止「習派」的派系結構特色有三：

（一）「習派」是沒有系統與地盤的「雜牌軍」，既不像「團派」般由黨內固定的培訓系統所養成，更不像「上海幫」一樣有固定地盤來培養其派系根基，換言之，「習派」並沒有自己的派系政治基礎，完全靠習近平一人的支撐。

（二）「習派」成員是習近平個人從各系統與各地方拉拔拼湊而成，各成員之間的認識不深，甚至缺乏派系政治所需的橫向聯繫，以致成員相互間也會缺乏忠誠與信任，甚至對習近平本人的忠誠與信任都是可疑的。那是因為「習派」成形於權勢與利益之中，而不是患難之交，也沒有革命情感。

（三）「習派」在目前中共黨內的政治結構中，人數太少、位置偏低、權力不足。光從現有的中央委員、政治局委員與政治局常委的人數比例，就可明顯看出「習派」的能量仍然不足。習若要形成足夠班底來控制中共黨政軍這部龐大的機器，恐怕得等到二〇一七年的十九大以後，雖然如此，屆時還不見得能夠完成。

總結而言，習近平有兩大關卡，其一是中共十九大能不能如其所願，對習的個人集權再上層樓？即便如此，習在權力鞏固的路上仍未到達終點，何況誰來接替中紀委這個「第二個黨中央」或「黨內的巨獸」位置？王歧山的確是一奇人，對共產黨有使命感又無後顧之憂（無子嗣），在人生末期創下中共黨史反腐敗的耀眼紀錄，但是他的年齡註定在十九大就要下台，後繼顯然無人。王若不退，勢將挑戰中共已然成形的政治規矩。

其二，假設習近平個人集權順利完成，不只是「十二把刀」（甚或更多權位）流利揮舞，連黨內、軍內與國內都是由「習派」主導與控制，論時間那也該到中共二十大才會大功告成，若是如此，試問誰來接習近平的班？誰能接習近平的班？更重要的是，個人高度集權的體制真的對中國好嗎？

也許這才是習近平為中共所帶來的大難題！

3

消失中的威權韌性——習近平時期的國家社會關係

徐斯儉、王占璽

胡錦濤卸任之際，中共高層經歷了一番波折，權力的杖柄才得以交到習近平的手上。這一番權力交接的波折，並不僅僅關乎黨內的權力鬥爭，一個更為重要的背景脈絡是，中國的政治經濟模式遭遇空前的危機，除了經濟上面臨結構性的成長走緩之外，也涉及一系列在政治上無可迴避的挑戰，包括：如何處理權貴資本集團的不受節制、黨內領導權威的低迷、官僚體系的貪污腐敗、社會利益多元的尖銳對立與博弈、以及群眾對政權信任的持續降低。這些徵狀並非個別現象，而是反映了整個黨國體制的墮墮與失能。這種結構性的體制問題，恐難藉由小規模的調整修正得到改善，勢必需要進行大刀闊斧的改革。而習近平處理這些問題的策略，則受其政治背景與權力基礎的制約與影響。在此脈絡下，習近平選擇的改革方向是集中權力於個人、並試圖在其個人的領導下重振黨的權威，而其具體作為涉及三個面向：以反西方及民族主義為槓桿撐起所謂「中國夢」此一標舉意識型態的旗幟、以反腐為抓手通過整黨整風來整飭管束官僚體系、以及藉著清除被認為與境外勾結且挑動內部矛盾的社會力量來收編掌控政法系統。

在江胡執政期間，美國哥倫比亞大學研究中國政治的學者黎安友（Andrew J. Nathan）提出一個概念來描述中國政治的現象，那就是「威權韌性」（authoritarian resilience），意思是指中共透過四個方面維持一個相當有韌性的威權政體，包括：將領導人的接班制度化、建立在講求績效之上的派系政治、政權內部各系統的專業化分工、以及透過政協信訪等體制吸收民意。[1]在國家社會關係方面，這個威權政體雖然缺乏有意義的選舉，但是能夠透過各種有效的機制吸納社會發出的聲音、化解來自社會的壓力，並且給予適時的回應，甚至如學者提茲和史拜爾斯（Teets & Spires）所說，[2]這個威權政體能容許一定程度的公民社會存在。然而，這樣一種國家與社會之間的「威權韌性」的空間，在習的主政下，正在被擠壓而逐漸消失中。

在鞏固黨國領導權威上，習近平一方面積極強調「黨的領導」，另一方面藉由建構「主旋律」以對抗意識型態領域的挑戰力量、尤其是西方價值的威脅，這對於已經具有一定自主性的社會構成價值上的排斥。在官僚體系的改造上，習近平除了聚焦在遏止腐敗現象，並放任紀委作為一個新的專政機關以貫徹習近平整飭官僚力量的工具。在社會控制上，習近平強勢而持續地壓制被他認為具有威脅性的社會力量，藉此在社會部門創造寒蟬效應，同時也建構以法律與技術為基礎的社會控制工具。這樣的做法或許在短期內可以讓習近平獲得某種安全感，但其非意圖性的後果也逐漸在幾個方面開始顯現：官僚不作為、社會由期待轉為失望、官僚對社會打壓的捧殺效果等等。這些現象，反而可能造成治理上的慢性失靈，以及結構性矛盾的隱形擴大。

本文主張，習近平這樣處理中國的國家社會關係，出發點是為了鞏固自己的權力地位，短期看來的確達到了馴服官僚機器、剷除社會上有組織性威脅力量的效果。但是在中長期而言，他借用極權遺緒的各種統治手段，卻可能讓威權政體失去韌性，導致官僚自主調適的理性化程度降低，治理效能因而慢性失靈，若在各種結構性社會矛盾未能緩解甚至一再累積的情況下，更為激化的動盪反而容易出現，為習近平的第二任任期甚至之後埋下不安的因子。

一、習近平繼承的政治格局

二〇〇七年中共十七大後，習近平進入中共政治局常委，為其接任中共第五代領導做準備。在這個準備接班的過程中，習近平面對的是中共黨內日益激烈的派系鬥爭。胡錦濤作為鄧小平在中共十四大會議上指定的隔代接班人，在二〇〇二年接任中共總書記，成為第四代領導。然而，鄧小平的領導權威雖能夠為胡錦濤接任總書記提供正當性，卻無法保證胡錦濤的執政權力基礎不受黨內派系的侵蝕。胡錦濤上任之初，江澤民便以「扶上馬、送一程」為由，拒絕釋出中央軍委主席的位置。在胡溫執政的十年中，親近江澤民的曾慶紅、李長春、賈慶林、周永康等人長期控制人事、宣傳、軍事、政法等部門的權力，並以「集體領導」為名牽制、分解胡溫的決策權力。江澤民本人則透過設在中南海的「江澤民辦公室」，長期干預中共中央的決策。[3]另一方面，官僚體系內江系人馬的盤根錯節，也使各級行政部門與地方政府經常對胡溫的決策陽奉陰違，形成「政令不出中南海」的窘境。除了架空胡錦濤作為最高領導人的權力，江系勢力以逼宮、暗殺等方式要求胡錦濤進一步釋出權力的傳聞也一直甚囂塵上。[4]

對於習近平而言，這樣的鬥爭形勢揭示了黨內的派系共治與權力分享將成為對領導權力的持續威脅。在選任第五代領導人時，習近平因為缺乏派系色彩而被視為「各方都能接受的人物」，並且獲得江、曾的支持。這也意味著胡溫權力處處受到箝制的處境，也正是他即將面對的權力格局。如果選擇被動接受江系勢力的處處干預，習近平只能成為比胡錦濤更為弱勢的總書記。更嚴重的是，總書記的位置本身便岌岌可危。習近平接任總書記的正當性，本來就不如胡錦濤穩固。王立軍事件後，揭露出江系勢力支持薄熙來奪取黨內大位的野心與行動；隨後周永康藉著武警系統發動的「三一九北京政變」，更對胡溫的領導權力與習近平的接班提出直接挑戰。[5]雖然胡溫在這兩個關鍵事件中採取的強硬作為，為習近平掃除了立即的危機，卻無法消滅習近平在接任總書記後即將面對的風險。江系勢力意欲在習近平接班後持續掌權甚至取而代之的意圖，也說明習近平即使甘於成為弱勢領導人亦不可得，他所面對的將可能是林彪、華國峰、趙紫陽在失勢後的下場。

在十八大前夕，趨向零和博奕的派系鬥爭形勢迫使習近平採取積極的回應。據報導，在二〇一二年八月底的政治局會議上，習近平向中共中央表達不願接任總書記，只願擔任中央委員、遠離權力核心。隨後，習近平便消失在公眾視野之前長達十三日。習近平以退為進的策略迫使中共高層及黨內元老表態全力支持習的接班，並同意撤換周永康、令計劃，以及放棄輕判薄熙來的「京西協議」。[6]同時，習近平也在消失期間積極爭取中共「紅二代」的政治支持。而在習近平接任總書記的中共十八大會議上，胡錦濤與習近平當眾演出了一齣「裸退」與「落淚」的感人戲碼：胡錦濤宣示卸任後不干預政治，並且反對任何延長引退的立場，從而否定了江澤民繼續進行「老人干政」的正當性。[7]在次年的人大會議上，習近平正式接下國家主席的位置，初步鞏固了最高領導人的政治地位。

習近平的接班過程可謂「步步驚心」，此一過程也深刻影響了習近平在權力之路上的認知方式：派系之間的權力分享與妥協並不能帶來真正的平衡，只有盡可能地集中並鞏固權力，才是保障政治地位與自身安全的唯一策略。然而，順利接任總書記並不代表習近平的權力從此穩固。當江系勢力難以藉由正常的黨內決策程序來架空或取代習近平，也意味著權力鬥爭的後續手段將更為隱密而激烈。習近平接任總書記之後，各種暗殺傳言從未終止，許多重大的社會危安事件也都有江系勢力的陰影，官僚系統內部對習的抵制更是層出不窮。因此，習近平只能不斷強化在不同領域的領導權威，以壓制黨內的挑戰力量。

胡錦濤時代縱使有來自江澤民派系的威脅，但團派與江派畢竟還算是取得某種平衡，這固然弱化了胡的領導地位，卻使得派系之間不至於有殺伐之氣。但習近平上台前後所面臨的幾乎是一場政變，他必須弭平對他的威脅，這就是為何他不斷地將權力集中於自己手中，又不斷清洗江派餘黨的原因。然而如此一來，便打破了各派系的平衡，使得未來的權力交替充滿了不確定性。未來的權力繼承未必遵循過去的制度，這是使得韌性消失的第一個機制。

其次，在國家與社會之間，尤其是在基層，這幾年已經逐漸發展出一套可以互相容忍、甚至互相合作的模糊空間。譬如在社會抗爭方面，在言論方面，在面對NGO方面，在社會治理方面，都形成某種非意圖性的自我糾錯機制。其實中共政權在這段時期對於小規模抗爭有一定的容忍空間，譬如在珠三角容忍企業內部的勞資集體協商，甚至官方工會也會暗中借助一些NGO的協助，讓抗爭工人進行某種程度的非正式組織，在廠內抗爭過後與外資的資方進行談判協商。又如給予各城市的業主（私有房產的財產擁有人）所組成的業委會及其橫向組織一定程度的承認和合作，改善對於私有房產和小區的管理能力。這種合作模式有助於在基層緩解社會矛盾，分擔基層官僚治理社會的壓力。但與此同時，某種有組織的社會力也正在形成，對於缺乏安全感的習政權而言，這樣寬鬆的政治環境被其視為潛在的威脅。

習近平上任之後，面對的執政挑戰超過歷任總書記：黨內派系鬥爭仍然延續、國內經濟發展快速趨緩、民間自主力量不斷增強、社會對共黨統治的信任持續降低。如何避免重蹈近三十年來其他共黨國家與威權政體的崩潰經驗，成為習近平無法迴避的任務。從一九九〇年代前夕蘇聯與東歐共黨國家的解體經驗來看，共黨黨內的菁英分裂是最主要的動力之一；分裂出去的菁英經常結合政經發展路線的分歧或社會的異議力量，作為挑戰執政者的策略。二〇〇〇年之後的中亞顏色革命與阿拉伯之春則反映出，「境外敵對勢力」與本土公民社會的結合已成為挑戰威權政體存續的最主要方式；而網路社群的興起也成為新興社會運動的重要媒介。對於習近平來說，最直接的權力挑戰仍來自中共黨內的派系力量，但他同時也須面對來自外部的敵對勢力與社會中的異議分子對中共執政權威的威脅，並且防止這些不同性質的力量相互連結。另一方面，習近平屬於文革世代的太子黨，權力基礎來自黨內元老與紅二代的全力支持，這使得他不可能採取釋出共黨統治權力的改革方案。在內外交迫的態勢下，習近平選擇全面強化對黨內與社會的領導權威與控制能力，並以壓制手段緩解來自不同面向的挑戰。

二、習式風格：向極權遺產借將

（一）再戰意識型態：以反西方撐起中國夢

習近平強化中共領導權威的作為，首先展現在對意識型態工作的重視。意識型態是極權主義（totalitarianism）的根本，一個極權政體的統治正當性，來自掌握了代表真理的意識型態。耶魯大學的林茲在比較極權與威權政體的關鍵差別時，指出威權政體根本沒有一套具有意義體系的意識型態，[8]正因如此，在威權政體之下，政治才可能存在某種有限的多元。但極權政體不容許社會擁有自己的意義體系，極權政體的任務就是要根據意識型態來徹底改造社會，或者是讓國家「吞噬」(engulf)社會。本來，中國早已脫離極權主義時代，中共的共產主義意識型態在社會上也沒有什麼號召力了，但對於中共這個政權而言，意識型態的話語仍然提供了政權自我說服的正當性基礎。當習近平開始重塑意識型態的話語時，可能意味著他不滿威權秩序下的官方意識型態對社會失去權威的狀態。即便不能回復到極權時代（毛時代）那種一呼百應的「最高指示」狀態，至少他不再容忍官方意識型態以外還有其他價值話語體系的公然存在，更不能容忍它們對官方意識型態予以或明或暗的冷嘲熱諷。

一九九〇年代中期以來，中共流傳「毛澤東讓中國不挨打、鄧小平讓中國不挨餓，而當前任務是讓中國不挨罵」的說法。根據中共重要智庫人員指出，習近平認為中共的「挨罵」問題來自中國國內長期受到西方憲政主義思潮的滲透影響，因此需要強化共黨統治的理論基礎與論述話語，以重新鞏固中共執政的正當性。[9]另一方面，習近平也藉由對意識型態話語權的建構與動員，作為鞏固他個人領導權威、強化他對各領域進行控制的基礎。

習近平的意識型態工作肇始於二〇一三年在全國宣傳思想工作會議上的「八一九講話」，他在這次講話中提出「意識型態工作是黨的一項極端重要的工作」，並將其與經濟建設並列以凸顯其重要性。[10] 隨後的開展重點不僅在大力宣傳習近平所建構的「社會主義核心價值觀」，也包括對社會輿論的全面控制。以下將從四個面向：目的、內涵、手段及對象，來觀察習上台後意識型態工作的發展。

習近平強調意識型態的目的，是對抗目前中國國內在思想領域中挑戰中共執政合法性的兩種力量：其一提倡西方民主憲政理念與資本主義自由經濟，其二則崇尚毛澤東時期社會主義的施政成就；前者更被視為主要的威脅。在二〇一三年中共中央「九號文件」（即《關於當前意識型態領域情況的通報》）中，便明確指出「西方敵對勢力和國內異見者還在不斷向意識型態領域滲透」，因此要「確保新聞媒體的領導權，始終掌握在同以習近平同志為總書記的黨中央保持一致的人手中」。[11]

就意識型態的實質內涵而言，習近平至今並無具體創新。習關於意識型態的歷次重要講話，主要仍是圍繞在「中國夢」而開展的民族主義論述，他試圖連結「中國特色社會主義道路」、「中華民族偉大復興」、「中華優秀傳統文化」等語彙，以強調中共作為中國唯一執政黨的合法地位。另一方面，習近平也積極建構符合中共統治利益的話語系統，以便與西方強調民主自由的主流價值相抗衡。如二〇一五年九月由王岐山公開討論中共的「執政合法性」問題，便借用歐美社會的合法性概念，但從「從嚴治黨」、「歷史選擇」、「人民承諾」等面向詮釋並強調中國共產黨的合法性。[12]另如二〇一四年以來提出的「網絡主權」論述，則強調在網路空間的治理上應依循主權獨立的原則，以此為持續強化的網路管制進行辯護。然而，相關論述對於中共的政黨性質，對於政治、經濟、社會領域的發展藍圖，以及中共與政府、社會的關係卻均缺乏具體的表述，使其難以針對當前中國的實際問題提出具有說服力的治理方案。

在缺乏實質的思想內涵下，現階段中共意識型態工作的主要手段是強化對言論自由的箝制。「八一九講話」後，中共黨媒便提出「輿論鬥爭」、「敢於亮劍」的說法。中共黨內也在前述「九號文件」的基礎上，出現規範黨內言論的「七不講」。「七不講」的內容包括普世價值、新聞自由、公民社會、公民權利、黨的歷史錯誤、權貴資產階級、司法獨立，反映出相關言論管制的目的在於遏制黨內幹部對西方政治理念與現實敏感議題的傳播。二〇一五年通過的《國家安全法》中，更將「掌握意識型態主導權」納入國家安全的範圍，呈現以法律工具控制社會輿論的企圖。

至於意識型態工作的主要對象是網路上的社會輿論，同時包括黨內幹部與知識分子。就前者而言，習在「八一九講話」中強調「要把網上輿論工作作為宣傳思想的重中之重來抓」。[13]近年來公安部也多次以「打擊網絡犯罪」、「整頓網絡輿論亂象」為由，全面強化網路輿論監控，並逮捕多位知名的網上異議人士。就黨內幹部而言，除了非正式的「七不講」外，二〇一五年新修訂的《黨內紀律處分條例》也將「妄議大政方針」、「反對黨的基本理論、基本路線」等內容列為重大違紀事項。對於知識分子，中共則以「加強高校黨建」為由，強化對大學教師的意識型態監控。由此來看，強調意識型態工作的實際作用，仍在建立一言堂式的言論控制。

（二）整飭官僚：整黨整風

「從嚴治黨」是習近平的另一個重要施政方向。習上台之後，持續強調「治國必先治黨，治黨務必從嚴」，他還指出「如果管黨不力、治黨不嚴……我們黨遲早會失去執政資格」。[14]推動從嚴治黨，除了緩解來自社會的不滿外，還包括兩個目的：其一是藉由查處貪腐、整肅風氣，提高習近平的社會聲望；其二則是在整肅貪腐違紀與動員整風的過程中，清除黨內反對勢力並強化習近平的領導權威。

全面反腐是習近平在黨內肅清政敵、樹立權威的關鍵。相較於前兩任中共領導人在反腐工作上雷聲大雨點小的情況，習近平上台既強調「蒼蠅老虎一把抓」、「無禁區、全覆蓋、零容忍」，也再三宣示反腐工作不會停止。而反腐工作確實也在範圍與層級上持續推進。二〇一三年中紀委立案調查的貪腐案已有近十八萬件，二〇一五年則增加至三十三萬件。[15]二〇一三年後落馬的省部級以上高級幹部有一百五十多個，超過二〇〇〇～一二年間的總和。特別是在二〇一四年後，中紀委陸續查處了周永康、徐才厚、令計劃、郭伯雄、蘇榮等位居「副國家領導人」以上層級的高級幹部。而名列「正國家領導人」的周永康落馬，更突破了過去「刑不上常委」的潛規則。習近平則在針對周、令等人的貪腐調查過程中，全面清掃「政法系」、「山西幫」等相關的派系成員與關係網絡，削弱了黨內潛在反對勢力的能量。

值得注意的是，反腐過程也促使中共黨內權力結構的轉變。在習近平全力支持反腐工作、強化黨內制度規範、以及「巡視組」的常態性查訪下，主導反腐工作的王岐山與中紀委在黨內的影響力快速提升，並已呈現取代政法委的趨勢。另一方面，中共黨內對於習近平的反腐作為一直存在不滿，並以各種方式進行反彈或抵制。如曾任周永康秘書的前河北省委書記周本順即私下發行《河北政情通報》，批評習近平的反腐工作形成二次文革、影響河北經濟發展；[16]二○一五年還出現一封由「一群堅定的共產黨人」署名的公開信：〈建議中共中央撤銷習近平總書記的職務〉，反映黨內反對習近平的力量仍暗潮洶湧。[17]除了這些直指習近平的反彈外，許多中共幹部也以「不作為」的消極怠政方式回應習近平的反腐倡廉。對此，習近平除持續推動反腐，並進一步透過要求幹部作風與強化黨內紀律，以提高對黨內的約束能力。

在積極反腐的同時，習近平也依循中共的「整風」傳統，推動改革幹部作風的動員。二○一二年十二月習近平甫上任，即在中央政治局會議上公布要求改進黨內工作作風與禁止濫用公款、送禮浮濫的「八項規定」與「六項禁令」，並提出「反四風」（形式主義、官僚主義、享樂主義、奢靡之風）的要求。二○一四年三月十二屆人大二次會議中，習近平進一步提出「三嚴三實」講話，要求中共黨內幹部「既嚴以修身、嚴以用權、嚴以律己；又謀事要實、創業要實、做人要實」。二○一五年四月，中共中央開始要求在縣處級以上幹部中開展「三嚴三實」的專題教育，十月中組部也要求以「三嚴三實」解決基層幹部不作為、亂作為的問題。[18]二○一五年十月中共中央修訂《中國共產黨廉潔自律準則》時，也將相關內容納入，成為正式的黨員道德規範。在實踐過程中，中共積極要求透過黨內教育、民主生活會、組織生活會等管道進行落實，並透過領導幹部嚴重違紀的反面教材，進行「深刻的黨性分析」、「開展有辣味的批評和自我批評」。[19]二〇一五年十二月，習近平親自主持了中共中央政治局專題民主生活會，對「中央八項規定」、「三嚴三實」的實踐進度進行檢查。

中紀委在檢肅黨內違紀官員時，經常採用過去未明列於紀律規範的「政治規矩」作為入罪理由；而此舉引起黨內質疑，認為缺乏明確規範難以服眾。因此，二〇一五年十月中共中央修訂《中國共產黨紀律處分條例》（下稱《條例》），對黨內違紀行為進行明確規範，除了為中紀委的反腐工作提供制度基礎外，也藉此作為強化中央領導權威、壓制黨內反對意見的工具。如在新版《條例》中，大幅擴大對黨員言論的限制範圍，將「妄議中央大政方針」、「破壞黨的集中統一」、「醜化黨和國家形象、污衊黨和國家領導人」、「歪曲黨史、軍史」列為違紀事項，並禁止黨員「擅自對應當由中央決定之重大政策問題做出決定、發表主張」。在備受關注的「妄議中央大政方針」一項中，《條例》並未界定何為「妄議」，或是何種政策屬於「大政方針」？此種模糊規範使習近平與負責解釋《條例》的中紀委得以依照主觀意志，判斷黨員違紀與否及程度高低。而「污衊黨和國家領導人」、「扭曲黨史、軍史」等項，更直指近來中共黨內對習近平本人及其意識型態立場的挑戰。這些違紀事項具有高度針對性，而對應處罰最高可開除黨籍，使習近平得以強化在黨內排除異己的能力。

修訂後的《條例》確實已經成為中共中央加強查處違紀的工具。《條例》公布前夕，中紀委在查處河北省委書記周本順等五名落馬的省、軍級高級幹部時，便已將「妄議中央」列為主要罪名。[20]《條例》公布後，中紀委在二〇一五年十二月透過下屬《中國紀檢監察報》指出，某市公安局吳姓副局長因在微博好友群組中發表批評「一國兩制」的言論，違反「妄議」的黨內規範而受到懲處。此一案例特意展示黨內紀律規範不分幹部級別高低，並將私領域中的言論納入違紀範圍，以在廣大中共基層幹部群體中達到「殺雞儆猴」之效。[21]隨後，二〇一六年一月，中紀委通報北京市委副書記呂錫文遭到雙開處分時，也將「妄議中央」列為首罪。[22]另一方面，《條例》中也將「對抗組織審查」列為「政治紀律」部分的重要違紀行為，藉此強化中紀委執行黨紀的權威性。二〇一五年中紀委便通報了三十五名官員因涉及「對抗審查」而被提高懲處，其中包括十三名省部級以上官員；同時，遭查處官員有三十名集中在當年下半年。[23]這些趨勢反映黨紀已經成為習近平進一步鞏固領導權威的重要工具。

（三）吞噬社會：全面剷滅潛在的挑戰力量

在社會部門，習近平同樣採取強勢的壓制作為。習上台之前，中共除了對直接挑戰中共執政權威的社會力量進行嚴厲打擊外，仍然留給社會輿論與公民社會行動相當程度的發展空間。然而，習近平試圖對社會部門的發展進行更強勢的干預，並且持續展開一系列積極的管制作為。

習近平強化社會控制的第一項作為，是提高對網路輿論的管制。習將控制網路輿論視為宣傳思想工作的「重中之重」，而在制度安排上，則著重強化網路空間的領導體制與法律規範。二〇一三年成立「中共中央網絡安全和信息化領導小組」，由習近平親自領導，同時成立「國家互聯網信息辦公室」（國家網信辦），作為網路管制工作的主要執行機構。近年來，在國家網信辦主導下，中共一方面發布「互聯網用戶實名制」、「微信十條」等具體管制規範，另一方面也在國內外積極提倡「網絡主權」的論述，為網路管制工作建立正當性。目前仍在審議的《網絡安全法》中，則將對相關的網路管制規範提供更完整的法律基礎。

在具體作為上，中共除了持續強化網路輿情監控外，更積極打擊批評中共政權的網路意見領袖與相關言論。二〇一五年六月，公安部以「整頓網絡輿論亂象」的名義，宣布啟動「網警巡查執法」，由五十個網警帳號全天上網巡查，並在全國百餘個重點網站與服務企業設立「網安警務室」，以便「提升網上見警率」、「廓清網絡空間」。此外，國家網信辦也持續增強對網路業者的控制，二〇一五年先後約談了搜狐、鳳凰、華圖等網站業者，對其「違規轉載新聞、傳播違法有害信息」的行為提出警告。[24]

值得注意的是習近平上任後，中共網路管制不僅針對直接挑戰中共政權的輿論，也針對意識型態領域的不同意見。如二〇一五年國家網信辦便依據「微信十條」，以「歪曲黨史國史」為名強制關閉了一百三十三個微信公眾帳號。而在二〇一五年廣受關注的「納吧」事件中，更呈現意識型態主導的網路管制作為。此一事件始於兩個因政治立場不同的網路群組（支持中共政權的「那吧」與提倡西方民主理念的「納吧」），因在網路上經常相互攻擊而演變為少數論壇成員「約架」的鬥毆事件。由於其中一方當事人侯某具有俗稱「五毛」的網路宣傳員身分，使此事由單純的學生打架轉變為意識型態領域的問題。共青團所屬的中國青年網將此事界定為：「暴露出網上存在若干股黑惡勢力……是要讓青少年認同其反民族、反國家、反社會甚至反人類的政治觀點和行動取向，與他們同流合污，成為動搖和改變這個國家性質的後續力量，成為西方反華勢力顏色革命的馬前卒和炮灰。」隨後，公安部就此事指出：「意識型態領域的網絡顛覆活動絕非一般性治安事件」，進而開展全面巡查網路輿論的行動。

習近平對社會控制的第二個面向，展現在對公民社會的壓制。從實際的案例來看，中共一方面頻繁壓制各領域知名的意見領袖或倡議分子，以收「殺一儆百」之效，另一方面也積極從價值層面進行批判，試圖消解社會大眾對這些公眾人物的認同與同情。除此之外，中共也著力於阻斷西方社會與中國公民社會的連結。

對於社會公眾人物的壓制，首先出現在網路輿論領域。二〇一三年公安部在「集中打擊整治網絡違法犯罪專項行動」中，逮捕了多位在網路空間具有極高影響力的「網絡大V」。其中，秦火火以「網絡造謠」罪名遭到逮捕並判刑，薛蠻子則因嫖娼罪被起訴；與此同時，中共官媒也集中攻擊這些網路名人的「造謠」、「淫亂」行為。二〇一五年後，中共官方開始對公民社會進行大規模壓制。二〇一五年七月，中共陸續逮捕了王宇、包龍軍等五十七名維權律師與人權倡議人士，並對二百多名相關人員與家屬進行拘留、約談或限制出境。同時，人民日報刊出〈揭開『維權』事件的黑幕〉一文，指出此次行動是針對「維權律師、推手、訪民相互勾連、滋事擾序的涉嫌重大犯罪團夥」，並指控由維權律師與訪民組成的「維權圈」，經常「將敏感事件炒作為政治事件」、「煽動對政府的不滿情緒」、傳播「攻擊黨和政府的言論」。[25]此次事件中被逮捕的律師與倡議人士，稍後被中共當局指控涉嫌「煽動顛覆國家政權罪」或「尋釁滋事罪」。[26]二〇一五年十二月，廣東警方逮捕多名勞工NGO成員，「番禺打工族服務部」主任曾飛洋、「南飛雁」負責人何曉波分別因「聚眾擾亂社會秩序」、「財務侵占」罪名遭到拘留。隨後，新華社撰文指責這些「工運之星」長期接受境外組織資助在勞資糾紛中煽動鬧事，並透過境外媒體報導，以「抹黑中國國家形象、攻擊中國社會制度」。[27]這些案例呈現出中共在壓制公民社會時，開始積極結合法律、輿論工具的趨勢。

另一方面，中共也針對公民社會與國際社會的連結採取更強勢的壓制作為。二〇一五年一月，北京市公安局以「非法經營」罪名逮捕並起訴NGO「傳知行」的代表郭玉閃及工作人員。[28]所謂「非法經營」，主要是因為中國NGO在現行法律限制下難以進行民政註冊，而必須以工商註冊方式取得法律地位以便合法接受國際援助的資金。換言之，加強取締此類NGO說明中共已經開始封閉NGO取得境外資金的管道。[29]二〇一五年三月，武嶸嶸、李婷婷等七名國際知名的中國女權運動者因籌備「反對公交車性騷擾」活動，被北京、廣州等地警方以「尋釁滋事」罪名逮捕。[30]同時，與這些女權人士關係密切、長期倡導性別平等的NGO「益仁平」也遭到北京警方的大規模搜查；「益仁平」同樣也是以工商註冊方式接受國際支持的NGO。[31]值得注意的是，此一事件很快受到國際社會廣泛關注與嚴厲批評，但中共官方強調此事屬於國內事務，要求各國尊重中國的司法主權和獨立。[32]此舉說明了中共開始以更強硬的態度，拒絕國際社會以「跨國倡議網絡」的方式介入其壓抑公民社會的作為。

隨著前述趨勢的發展，晚近中共也開始直接壓抑涉入中國事務的國際力量。二〇一五年十二月，法國記者郭玉（Ursula Gauthier）因質疑中國在新疆的反恐工作實為對少數民族的壓迫，遭到中國政府驅離。中共官媒指稱郭玉「抹黑中國政府反恐」、「挑撥中國各民族間的關係」，是「不能容忍的行為」。[33]二〇一六年一月，在中國聲援維權律師的瑞典人權工作者彼得・達林（Peter Dahlin）遭到中共國安部與公安部逮捕，並被指控為「蓄意激化矛盾糾紛，煽動群眾對抗政府」；新華社並稱達林為「西方反華勢力安插在中國的眼線」。[34]達林在中央電視台節目中公開「認罪懺悔」後遭到驅逐出境。[35]這兩起事件雖然也受到國際社會的嚴厲批判，但都未能改變中國政府的強硬作為。

控制社會發展空間的第三項工作，是藉由各種管理規範嚴格管理NGO的活動。二〇一五年六月，中共公布《境外非政府組織管理法》的審議草案。此一法案將境外NGO的法定管理者由民政部轉移至公安部，並且對於境外NGO在中國的資金流動、人員吸納、開展活動等面向設定了嚴格的規範。[36]中國學者認為相關內容是在「國家安全」、「境外敵對勢力」、「政治演變」的脈絡下制定，以全面限制國際NGO在中國內部的活動及影響。[37]另一方面，中共對國內NGO的控制，則是以黨組織形式對社會組織進行滲透。二〇一五年，中共中央先後公布《中國共產黨黨組工作條例（試行）》與《關於加強社會組織黨的建設工作的意見（試行）》，明確要求在社會組織中設立黨組，以加強黨對社會組織的領導。中共中組部直指相關作為的主要目的在使黨組「發揮政治核心功能」、「保障政治方向」。[38]據悉，到了二〇一五年中，中共在社會組織中的黨組覆蓋率已經從五．八％提高到十五．四％。中共將黨機器強勢植入社會組織，將直接衝擊社會組織相對於黨國統治權威的自主性與獨立性。[39]

三、非意圖性後果：消失的威權韌性

習近平執政後，中共政權對於社會各方面的壓迫，究竟應該如何理解？這些打壓在過去江胡時代不是沒有，「維穩」思維一直都存在，各地政法系統也不斷在進行監控打壓抓捕的行動，那麼現在是否不過是打壓力度加大，規模升級，如此而已嗎？一位資深的中國公民社會觀察人士認為，不應該這麼理解。習近平對中國社會已經不是一種簡單的「維穩」思維，而是一種全面控制的「國安」思維。[40]之前在胡錦濤時期的基本維穩模式，是中央委託地方政法單位「維穩」，因此地方政法人員握有實際的執行權和裁量權，他們與公民社會、NGO之間可以互動達到某種「默契」，有一些商量的空間。這就是為何許多中國研究學者認為，威權政體與公民社會之間可以有一定的「共存」。但是在習近平主政下，這種權力向上集中的模式，某種程度反映了習近平對周永康主導多年的政法系統不信任。透過集中權力辦幾個大案，習可以說一方面在打壓社會，另一方面也藉此重建他自已對政法系統的直接掌控。

習近平這種權力一把抓的強勢作風，展現在以下方面：以空洞的意識型態掛帥，倡導愛國主義民族主義，以反貪肅清政敵，並在黨內消弭一切反對聲音；他又毫無節制地打壓社會，箝制網路及言論，扼殺宗教自由，大肆逮捕律師、NGO等公民社會人士；他還塑造個人突出的形象，走所謂群眾路線，想要將中國社會的時鐘倒回到文革時期。他的種種作為，看似將一切潛在的挑戰都扼殺於萌芽甚至尚未出現的狀態，但實際上這種強勢作風卻引起了一系列非意圖性的反作用，包括：官僚不作為、某些官僚執行過頭的捧殺效果、社會由期待轉為失望、社會能夠緩解矛盾的有組織結構消失、與一種慢性的治理失靈。

香港科技大學丁學良教授在《金融時報》中文版上撰文表示，習近平的反貪行動已經導致整個官僚體系的消極怠工，使得沒有人願意推出新的改革。[41]這反映了中共對於整個官僚體系缺乏一套監督機制，以及目前由上而下的紀委監督系統沒有成效。[42]再加上幹部缺乏貪腐以外的正常激勵機制，因此形成了反腐亡黨、不反腐亡國的兩難境地。如此，統治者與官僚體系之間，形成了一種囚徒困境，兩方都沒有制度化的負責機制。柯林頓時期擔任助理副國務卿的謝淑麗（Susan Shirk）所提出的「互惠性求責」（reciprocal accountability），在習近平的單方強勢下已經逐漸喪失，[43]他超脫派系大權獨攬的做法，使得派系之間的平衡不再，彼此的信任也被消磨。其他派系在紀委的反貪大旗之下，要想透過中央委員會對習近平問責，勢必得付出極高的政治風險。如此便形成了唯習馬首是瞻的情勢，各官僚系統與派系不會主動負起太多具不確定性的改革作為，任何事情都要先搞清楚習的意思，這樣才不會有風險。

這種各派系無法平衡，所有官僚失去主動性的情況，固然某種程度反映了習近平打擊異己和集中權力的成功，但也反映了另一種所謂「習近平的困境」。BBC的一篇評論點出，習的反腐導致他自己在黨內孤立無援，因為腐敗的體制性根源就是黨國體制本身，反腐推到極端就會碰觸體制內在的矛盾。《中國紀檢監察報》的說法是「反腐敗是把雙刃劍，打的是違紀違法黨員幹部，疼的是組織，損害的是黨的形象。」[44]這種困境導致的另一個後果，就是或者敵對派系或反對官僚透過過激手段或擴大矛盾進行陰狠報復，或者下級官僚想要迎合習的路線但卻操作過頭，導致對社會進行沒有必要或不符合比例的壓制，造成所謂的「捧殺」效果。這種捧殺效果主要表現在給中國社會的有識之士階層以及廣大國際社會的印象當中，對於超級自信與自認不可一世的習政權而言，短期之內可能並不在意，但是當這樣的印象不斷地累積，勢必會一步步侵蝕習政權的支持度與正當性。

上述的困境將因為社會對國家的失望而進一步惡化。本來中國的基層政府與公民社會之間存在著某種相互合作的灰色空間：公民社會由參與性的治理取得國家對其相對自主性的一定容忍，以及自我賦權和壯大的某種默許；中共政權也因為公民社會的存在，一方面對各級官僚的不當施政和貪腐提出警示，讓政權得以及時糾正錯誤，另一方面也為社會上的各種矛盾找到一定的發聲管道。在這樣的意義下，國家與社會之間形成一種暫時性的雙贏局面，塑造了某種威權韌性。但這個局面現在卻因為習近平的強勢打壓而逐漸消失。本來抱持進步主張的各種社會力量，像律師、勞動環保女權NGO、網路公知、敢言知識分子這類比較有組織的社會中介層，現在幾乎無一例外地遭受無情打壓，並且總是被習政權貼上與境外敵對力量勾連的標籤。

在這種情況底下，社會的各種問題與矛盾無由抒發，基層官僚沒有動機主動去化解，卻有動機主動去打壓。當國家末梢與社會協商共治的機制與誘因消失，既有的矛盾與問題只會繼續擴大累積，使得原本有效的治理呈現慢性失靈的趨勢。在社會矛盾透過體制內參與而獲得緩解的渠道受到阻塞，社會上有組織表達和反抗的力量被瓦解成原子化的碎片之後，結果或者是完全看不出問題，但一旦出問題，就有可能是突發、激進、無序的反抗，而且很可能瞬間感染蔓延，尤其是在經濟條件惡化的情況下。

目前，社會矛盾的激化趨勢已經漸露端倪，並且反映在社會抗爭規模與激烈程度的變化上。在二〇〇〇～一三年間萬人以上的抗爭共發生十起，而單在二〇一五年便出現七起；[45]同時，抗爭事件的行動方式也在「大鬧大解決」的邏輯下日趨激烈，除了經常出現嚴重暴力衝突外，也屢屢採取攔阻鐵路、阻塞城市交通等激進方式表達訴求。[46]在抗爭議題上，因勞資糾紛引發的工人抗爭運動近年來仍持續增長；（圖一）而涉及社會保障、教育權益、性別平等的新興抗爭議題也快速出現。這些跡象都顯示國家與社會之間已經逐漸失去溫和協調的溝通空間，日益朝向衝突的互動模式發展。

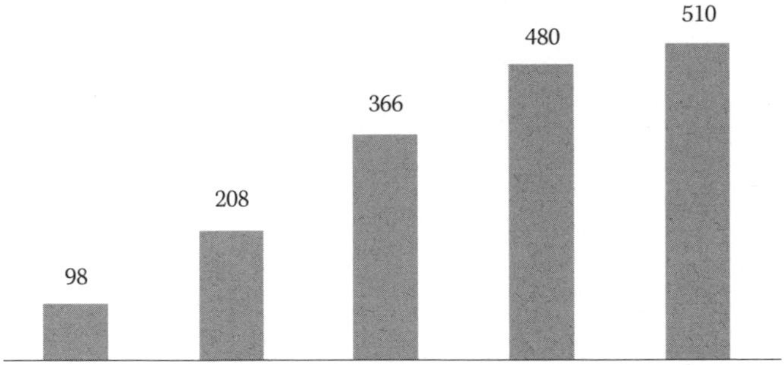

圖一——百人以上勞工抗爭件數成長趨勢：2011-2015

資料來源：作者彙整自：「中國工人集體行動地圖」，中國勞工通訊。http://maps.clb.org.hk/strikes/zh-cn。

四、結論

在習近平接掌權力之前，中共政權的國家社會關係並未惡化，而且某種程度容忍一定獨立性的公民社會存在，中共政權可以透過這些公民社會團體的發聲瞭解社會的問題與需求，並與他們合作一起逐漸解決問題，如此反而替中共這個威權政體換得治理上的績效。但是習近平為了掌握權力，用大刀闊斧的反腐手段整頓了官僚系統，又為了徹底掌握政法系統，打壓公民社會團體，使得國家社會關係變得更為緊張，彼此本來可以共生共濟的模糊地帶開始消失，也磨蝕了幫助威權政體存在發展的韌性。

雖然中國具有一定獨立性的公民社會團體，的確有不少受到境外的資助與支持，但境外的資助與支持同樣也給中國體制內的各種團體和機構。這些公民社會團體雖然經常依法抗爭、以法維權，但他們遠遠沒有構成任何政治上挑戰的力量。相反的，他們為政權糾正了自身無法糾正的錯誤，從長遠而言緩解了國家社會之間的結構性矛盾。對威權政體而言，他們是苦口的良藥。但是如果這些實際上並無真正威脅性的公民團體被視為「境外敵對勢力」顛覆中共政權的工具，那麼這苦口的良藥便自然成了毒藥，必欲去之而後快。

習近平心中懷有一種「境外敵對勢力勾結扶植境內公民社會顛覆中共政權」的恐懼圖像，將良藥當成毒藥。當他清楚地表達此一觀點時，便給官僚體系和統治集團的各種勢力送出了信號。那些害怕被習近平清算及想逢迎立功的官僚們，便開始對公民社會獵巫，炮製各種案例讓習近平這幅恐懼圖像獲得證實。那些統治集團內部心懷削弱習近平地位的其他勢力，有可能故意大肆吹捧擴大這種打壓，塑造習近平無情肅殺的形象，讓社會對他反感，也讓習自己啞巴吃黃蓮。

習近平或中共政權，或許出於恐懼，或許出於無知，因而向極權遺產借將，意圖控制一個他們認為開始失控的局面，但卻造成了一系列他自己沒有預料到的後果：官僚只會寧左勿右，不敢主動作為改革；各種過激或捧殺的打壓，將會導致社會治理的逐漸失靈，社會反抗的碎片與激進化。自認為如此才能全面掌控的習政權，將必須全面承擔所有社會結構性矛盾的直接衝擊。現在的中國經濟雖然放緩，但尚未面臨真正的經濟危機；在區域與全球仍處於影響力和硬實力上升的大國地位，但也開始引起周邊各國的反彈和聯手抵制；習近平自己在黨內的政治地位雖已取得十幾個小組長和各方擁戴為「核心」的頭銜，但總還是有各種挑戰的雜音不斷出現。

在國家社會關係上，則呈現上述短多長空的態勢。社會矛盾的尖銳化、黨內矛盾的公開化，經常與仇外民族主義相互交織，如果中國國內有危機爆發，不能排除中國當政者將利用對外衝突來緩解內部緊張。這樣一種可能，對於台灣而言，值得警惕與小心。

實際上，中國社會的內部仍存在著各種正向的能量，如果中共懂得與這些社會的能量合作，給予各地的政府和社會，開展和實驗新治理模式的空間與機會，仍然可以恢復政權的韌性，並且逐漸依靠這種韌性展開整個體制的轉型。中國的國家社會關係，是這個政權的內在肌理，若中共政權不能信任社會的力量，一味地只想宰制社會，那麼就不會有穩定的內在體質，不會有持續的經濟發展，也不會有合理的對外關係。只有讓社會健康的力量逐漸成長成熟並發揮正面作用，整個中國才有走向光明的機會。

4

從政左經右到新常態——中國經濟發展模式的極限與變革

盧俊偉、邱俊榮

中國經濟常年的高速發展，已引發諸多對於中國經濟發展模式的研究與討論。一九九〇年代哈佛大學教授法蘭西斯・福山（Francis Fukuyama）的著作《歷史的終結》曾以蘇聯垮台、東歐共產國家接連採行民主化及市場化等現象為背景，提出過去世界上有關資本主義、共產主義等人類社會在制度體系上的選擇競爭將告終結，最後將趨同或走向「自由民主＋市場經濟」的發展模式。「自由民主＋市場經濟」此一主張，正是一九八〇年代末期，以美國為首向拉丁美洲發展中國家和東歐前共產國家所推銷的「政治民主主義＋經濟新自由主義」的政經發展模式，一般稱此模式為「華盛頓共識」（Washington Consensus）。[1]

受到「歷史的終結」論所影響，中國內部對於一九七九年末採行改革開放政策以來的經濟成長模式，產生了兩種相左意見的辯論，一派是大政府主義因素論，另一派則是改革開放因素論。

上述兩派的看法不僅彼此針鋒相對，對於改革開放後中國政府干預經濟活動之諸多作為的理解也顯得南轅北轍。大政府主義因素論者認為中國政府強力主導甚至領航了經濟活動的發展，但是改革開放因素論者恰恰相反，認為中國政府實際是逐步放寬對於經濟活動的管制作為。究竟我們該如何理解改革開放以來中國政府在經濟發展的影響所扮演的角色呢？對於上述兩派看法的探討與釐清，將有助於我們理解二〇〇八年以來中國政府如何面對經濟成長減速並可能邁入中低速成長的新常態現象。

本文將從上述脈絡出發，首先呈現對於中國經濟發展模式的各種解讀並分析其核心爭議，接著將論述改革開放以來中國經濟發展模式為何，並探討經濟「新常態」所反映出中國舊有經濟發展模式的成長極限，最後本文將闡述未來中國經濟發展模式變革能否成功的關鍵，端視習近平政府是否有決心、能力改革結構性的政經難題。

一、對於中國經濟發展模式的解讀爭論

如前所述，對於中國改革開放以來的經濟發展模式，存在著不同的解讀或看法。一派主張認為「中國經濟奇蹟」是實行大政府主義的結果，亦即由政府運用壟斷性的支配力量，統籌調配資源，優先集中投入支持某些特定部門的發展，讓一部分人、一部分地區先富起來，成為帶動整體經濟發展的成長極（growth pole），然後透過涓滴效應（trickle down），帶動其他落後地區的發展。

他們認為，中國改革開放後所採取的經濟政策，係由政黨與政府系統透過價格管制、行政指導、金融信用分配、稅負減免與預算補助之財政補貼、經營國營企業或國企轉民營或官民合資合作等方式，以干預和影響經濟活動，因此表面上中國的經濟發展是採行市場經濟模式，但是實質上政府干預或支配經濟的色彩仍相當濃厚，甚至是美國喬治華盛頓大學狄忠浦（Bruce J. Dickinson）教授在其二〇〇三年《中國的紅色資本家》（*Red Capitalists in China*）一書中所說的，中國黨政系統藉由設立黨政控制的商業性協會，以及修改中國共產黨黨章以吸收資本家入黨等兩種方式，使中國約有百分之二十至三十的私營企業家具有中共黨員的身分，藉此讓黨政系統得以在改革開放、政府逐步放鬆干預經濟活動之後，仍能一定程度地影響民間經濟活動。[2]

歸納言之，大政府主義因素論者認為，中國採行「政治威權保守＋經濟市場開放」的「政左經右」模式，以政府高度介入或干預市場的方式來刺激經濟成長。而實際情況也顯示，中國改革開放以來經濟確實呈現長期的高速成長，此派學者乃將中國採行的此一經濟發展模式，稱之為「北京共識」（Beijing Consensus），[3]以便與「華盛頓共識」進行對比，並且向發展中國家進行推銷。

另一派的看法則截然不同，改革開放因素論者認為，中國政府實際是逐步放寬對於經濟活動的管制作為，而改革開放後中國經濟之所以能夠維持高速成長，乃得益於對經濟活動的減少干預及市場體制的逐漸建立。其對於大政府因素論者的觀點也提出質疑，認為若中國經濟的高速成長是得益於大政府主義，那麼在一九五〇～七〇年代的計畫經濟時代，政府所扮演的經濟干預角色更為深入，照道理大躍進、洋躍進等應該會成功，但為何最終卻以失敗告終？因此他們認為中國的經濟奇蹟正來自於解構大政府主義的改革與開放策略；改革是指（中央）政府簡政放權讓利，開放則是指逐漸讓市場機制取代計畫經濟機制。[4]

此外，也有學者採取折衷的看法；例如中國學者丁學良認為確實存在「中國模式」，它是由政治威權、社會控制、管制的市場經濟等三根支柱所構成，不過與前述大政府主義因素論者的看法不同，丁認為此一「中國模式」將無法持續，原因是此一發展模式存在五個成本，包括社會弱勢遭到相對剝削的社會成本、生態環境遭到破壞的環境成本、體制內存在嚴重腐敗問題的政治成本、公共政策不透明的決策僵化成本、權力高度壟斷下對人的想像力及創造力及道德倫理所造成的傷害。[5]

本文認為對於改革開放以來中國的經濟發展模式，不論是第一種的大政府主義因素論，或是第二種的改革開放因素論，都部分呈現或解釋了中國過去經濟快速成長的現象。事實上，儘管改革開放後中國政府所採取的干預或影響經濟發展的方式，確實與過去一九五〇~七〇年代所採行的計畫經濟體制做法不同，而是採取了逐步放寬干預的漸進式自由化，或是由政府計畫經濟體制漸進「制度轉軌」至市場經濟體制的過程（改革開放因素論看法），但無可否認的是，中國經濟快速成長的過程中仍充滿著政府干預或影響的影子（大政府主義因素論看法）。

對於上述兩派看法的爭論，本文主張必須回到歷史脈絡，重新釐清改革開放以來中國經濟發展的模式究竟為何？其次，需探討政府介入或干預程度對於中國經濟發展的影響為何？如此方有助於我們進一步理解中國經濟發展模式的極限與未來的變革方向。

二、改革開放以來的經濟發展模式

首先，如前所述，不論是大政府主義因素論或改革開放因素論，都部分解釋了改革開放以來中國經濟發展的模式。若將戰略與戰術層次區別來看，在戰略層次上，中國習慣以政治思維來設立經濟發展目標，而後續為了達到此一政治目標，又必須動員相關政策工具和資源，以支持政治領導人的政治宣示。因而在戰略層次上，可謂充滿了政府或政治干預經濟的濃厚色彩。

如果從戰術或政策執行的層次來看，政府與市場之間的關係又隨著各時期的客觀環境差異及不同領導人的政策想法，而呈現某一時期的發展模式偏向大政府主義論者的看法，但另一時期又偏向於改革開放因素論的看法。以下予以進一步詳述。

（一）戰略層次：政府或政治干預經濟的色彩濃厚

中國從過去一九五〇年代仿效蘇聯制定「五年計畫」以來，即習慣以「五年計畫」指導政府部門的經濟工作及資源配置。五年計畫之發展目標的設定，又係服膺於更上位的國家經濟目標設定。改革開放以來，中共對於整體經濟發展目標訂有「政治時程」：

1. 一九八七年十月中共十三大提出中國經濟建設「三步走戰略」：第一步目標，一九八一年到九〇年實現國民生產總值比一九八〇年翻一番（人均國民生產總值達五百美元），解決人民的溫飽問題。（註：此目標已於一九八〇年代末實現。）第二步目標，一九九一年到二十世紀末國民生產總值再增長一倍（人均國民生產總值達一千美元），人民生活達到小康水準。（註：此目標已於一九九七年實現。）第三步目標，到二十一世紀中葉人民生活比較富裕，基本實現現代化，人均國民生產總值達到中等發達國家水準（人均四千美元），人民過上比較富裕的生活。

2. 一九九七年中共十五大對「第三步」提出具體規畫（「新三步走戰略」）：二十一世紀第一個十年實現國民生產總值比二〇〇〇年翻一番。（註：此目標已實現。）到中國共產黨建黨一百週年時（二〇二一年），國民經濟更加發展，各項制度更加完善。到新中國建國一百週年時（二〇四九年），基本實現現代化，建成富強民主文明的社會主義國家。

3. 二〇〇二年中共十六大：國內生產總值到二〇二〇年力爭比二〇〇〇年翻兩番，實現全面建成小康社會。

4. 二〇一二年中共十八大提出「兩個一百年」目標：二〇二〇年全面建成小康社會，實現國內生產總值和城鄉居民人均收入比二〇一〇年翻一番。中國共產黨成立一百週年時（二〇二一年），全面建成小康社會。新中國成立一百週年時（二〇四九年），建成富強、民主、文明、和諧的社會主義現代化國家。

從歷年中共所設定的經濟發展目標，可以看出兩個脈絡：一是發展目標主要以倍數成長作為目標值設定，例如要求生產總值成長一倍或翻一番；另一則是經濟發展目標偏重於國民生產總值、國內生產總值等總體目標。在這種由政治設定總體經濟指標必須在一定期間內倍速成長的目標下，黨政系統必須動員一切必要資源努力達成，以確保其政權之政治正當性的穩固。因此，從戰略層次而言，中國的經濟發展模式充滿了政府或政治干預的濃厚色彩。

（二）戰術層次：政府介入或干預市場程度隨時期變化而有所不同

其次，就戰術或政策執行層面而言，政府與市場之間的關係在各時期有所不同。政府介入或干預市場的方式大致包含四種：制度訂定及執行（例如法律及行政命令制定及執行）、資源汲取（例如稅負及規費收取）、資源重分配（例如預算補助及金融信用分配）、直接介入生產活動（例如經營國有企業）。以政府介入或干預程度而言，從第一種到第四種方式大致是由淺至深，換言之，政府介入或干預市場最深的方式是直接介入生產活動、經營國有企業。從戰術或政策執行層面來觀察改革開放以來中國經濟發展的模式，則是時而偏向放寬政府干預的市場化，時而又回到緊縮、強化政府對市場干預的老路。

一九七八年十二月，中共十一屆三中全會反省及批判了毛澤東時代的黨路線，並將中共黨政的工作重點轉移到經濟體制的改革與經濟發展的對外開放，此即後來被簡稱為「改革開放」的路線。一九七〇年代後期，中國要變革以往的計畫經濟發展模式與體制，首先在四川省選擇了六家國有企業進行擴大企業自主權試點，之後此一試點工作進一步擴展至中國全國。只是，當擴大國有企業自主性的同時，因體制仍屬於國有國營性質，從而產生了國有企業因自主性提升而不顧預算投入效率、大舉擴大支出的道德風險──軟預算（soft budget）問題，造成財政赤字惡化及通膨的壓力。因此中共於一九八〇年十二月舉行的中央工作會議上，中共中央領導人陳雲提出改革的指導方針為「摸著石頭過河」。[6]其後在維持計畫經濟體制為主導的情境下，展開了幾項重要的局部性自由化的制度改革安排，包括在農業方面實行家庭承包制並逐漸在全中國內取代人民公社制度，維持對國有企業的控制但允許非國有企業發展，以及實施「經濟特區」試驗。[7]

在上述「雙軌制」的漸進式改革戰略之下，形成了計畫經濟與市場經濟兩種體制並存的格局。在雙軌制之下，資源的供給及配置依循著兩套截然不同的邏輯，一種是由政府主導決定，另一種則是由市場機制決定，因此形成了同一種物資卻有兩種不同價格的「雙軌制價格」情況。而在此雙軌制價格下，有關係或門路的特權人士可以從公部門以較低價格取得政府統配物資，接著再到市場上以較高價格倒賣這些物資並獲致財富，在當時形成嚴重的尋租和貪污腐敗問題。

一九八八年中國政府曾嘗試進行價格及工資改革，解決計畫與市場體制並行所產生的雙軌制價格問題，只是最後因造成搶購風潮，一九八八～八九年物價指數（CPI）分別上漲了十八・八%、十八%，嚴重的通膨問題阻礙了進一步市場化改革的可能，甚至引發了市場化究竟是實行社會主義還是資本主義的路線爭議。一九九二年在鄧小平南巡講話強調「社會主義也有市場」，[8]以及同年隨後江澤民提出「社會主義市場經濟體系」之後，確立了持續朝市場化的改革開放方向前進。

一九九三～二〇〇二年一般被視為中國實行改革開放以來進入第二階段經濟改革的時期。在此一時期，中國政府推動了一系列國有企業改制的經濟轉型，希望能夠降低國有和集體企業在中國經濟活動的比重，並提高民營企業在經濟活動中的重要性。從一九九五～二〇〇三年，國有企業數量從十一萬八千家減少到三萬四千家，國有企業的就業人數減少了四千四百萬人。[9]在此一脈絡下，國有企業和集體企業的產出占GDP的比重也由一九九〇年的六十六·二%，下滑至二〇〇一年的五十二·五%，相對地，民營企業的產出占GDP的比重則由三十三·八%提高至四十七·五%（表一）。

一九九〇年代至二十一世紀初的「國退民進」體制改革，使得私營企業的設立日益蓬勃發展，同時從全經濟來看，生產要素也得以從生產率較差的行業或部門轉移至生產率較高的行業或部門。不過，由於國有企業改制、重組的法律依據及規範並不完整，改制和重組過程並不公開，而且由行政部門完全主導，使得有權力背景或關係門路的人士得以趁國有企業改制之機，從中獲取巨額的公共資產利益，「國退民進」的體制改革工程因此面臨了諸多實際執行的問題。

同時，在一九九三～二〇〇二年中國第二階段經濟改革時期之後，經濟發展卻向舊的、粗放式的成長模式

表一——不同經濟部門之產出占中國GDP的比重

	國有部門	集體部門	私營部門
1990年	47.7%	18.5%	33.8%
1995年	42.1%	20.2%	37.7%
2001年	37.9%	14.6%	47.5%

資料來源：中國國家統計局統計資料庫，http://www.stats.gov.cn/。

回歸。雖然二〇〇三年中共十六屆三中全會通過《關於完善社會主義市場經濟體制若干問題的決定》，認為生產力發展仍面臨諸多體制性障礙，需要進一步的體制改革，但根據吳敬璉的看法指出，「儘管中共十六屆三中全會已通過體制改革的決定，但是有些人不把中國經濟的茁壯成長歸因於改革開放，卻把它歸因於強勢政府動員和分配資源的超強權力，於是在『半市場、半統制』的體制中，各級政府對微觀經濟的統制不但沒有削弱，相反還不斷增強。」[10]

二〇〇六年十二月，為加強對經濟和社會的控制，中國國務院國有資產監督管理委員會（簡稱「國資委」）發布了新措施，要求國有企業和部門維持對涉及國家安全和國民經濟命脈之重要行業和領域進行絕對的控制，包括軍事、電力、石油和石化、電信、煤炭、民航、船運運輸等行業。同時，該新措施也要求國有部門應保持對基礎和支柱行業及領域內的重要「骨幹企業」採取較強的控制，包括設備製造、汽車、電子、建築、鋼鐵、有色金屬、化學工程、勘察設計、科學技術等九大行業。[11]由此，在上述特定行業或領域中，又回到了「國進民退」的舊體制，加強了政府對於經濟的干預和控制，從而與二〇〇三年中共十六屆三中全會通過《關於完善社會主義市經濟體制若干問題的決定》完全相反。

雖然國有企業產出占中國整體GDP的比重不斷下滑，民營企業已是創造中國GDP的主要力量，整體經濟活動主體已呈現「國退民進」的情況，但是唯獨在上述特定重點行業或領域卻出現國有企業控制增強的「國進民退」發展趨勢。對此，吳敬璉指出，「這就造成了兩個嚴重後果，第一個是以投資和出口驅動為主要特徵的舊的粗放型經濟成長模式難以轉變。二〇〇三年以後，各地大規模向資本密集型產業投資，要求實現產業的『重型化』，希望用這種方式來支撐GDP的高速成長；但是由於體制性障礙因素未能消除，粗放的經濟成長方式反而造成了一系列嚴重的問題，諸如資源匱乏、環境破壞，以及宏觀經濟上因貨幣超發、流動性泛濫，造成房地產泡沫、通膨壓力劇增，一直到勞動者收入提高緩慢、大眾消費不足等社會問題愈演愈烈。第二個嚴重後果是，因政府掌握了較多的資源配置權力，官員利用權力對市場的干預和對價格的管控，造成權力尋租、腐敗活動的制度性蔓延，導致諸多經濟及社會（抗爭）問題。」

（三）小結

總結上述分析，從政治設定經濟發展目標的戰略層次，以及政策執行的戰術層次來看，中國自改革開放以來的經濟發展模式，是在鞏固執政者政治正當性的考量下，以每五年計畫指導、調動相關政策及資源，投入促進經濟成長的工作，達成中共所政治設定的經濟發展目標，甚至以此總體發展目標達成與否，作為考評相關黨政人事升遷的依據標準之一。以改革開放以來長期趨勢的觀察，中國的經濟發展模式確實是在威權保守的政權體制下，逐步往市場經濟、自由開放的方向發展，呈現「政左經右」的現象。

三、「新常態」反映出既有發展模式的成長極限

在釐清中國過去經濟成長模式之後，其次需探討的是，政府介入或干預程度對於中國經濟發展的影響為何？以過去一九九〇年代以來中國歷次五年計畫所提出之目標值達成情況來看，實際GDP成長率均高於原先所設定的目標值（圖一）。換言之，中國一九九〇年代以來的高速經濟發展確實是在「政左經右」模式下發生；但是，「經濟高速成長」與「政左經右」兩種現象同時並存，是否就如同大政府因素論者所主張，中國政府干預或介入程度較深確實對經濟成長產生正面作用？還是如

同改革開放因素派所認為的，中國經濟自改革開放以來之所以能夠保持高速成長，除了資本投入及勞動力對GDP成長率的貢獻度均呈現提升之外，最為關鍵的是受益於總要素生產力（Total Factor Productivity, TFP）因素的大幅成長，也就是制度鬆綁、逐步朝市場化改革對於促進中國經濟成長具有決定性的正面影響？[12]

二〇〇八年之後中國因面臨外部世界變局，經濟成長由高速成長轉為中低速成長，邁入所謂「新常態」，提供了我們檢視上述爭論命題的契機。在二〇〇八年美國金融危機及歐債風暴接連發生後，中國經濟成長速度明顯放緩，全世界及中國內部對於此一趨勢的解讀判斷為，中國經濟成長將很難再回到二〇〇八年金融危機前的高速成長水準，而將邁入一個中

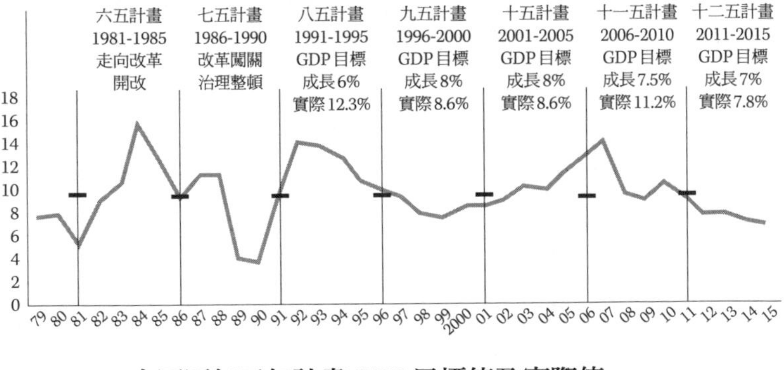

圖一——中國歷年五年計畫GDP目標值及實際值

低速經濟成長的「新常態」。

對於中國經濟邁入「新常態」的原因，若依前文所提到的大政府主義因素論及改革開放因素論等兩派觀點來檢視，首先，假設大政府主義因素論者的看法是對的，那麼將如何解釋在政府主導或領航經濟發展的既有模式下，中國經濟會在二〇〇八年面臨外部世界變局後，由高速成長轉為中低速成長的新常態？原因是否是中國政府在面臨世界經濟的結構性大變化時，主導或領航經濟發展的能力下降？若是，那麼面對經濟新常態，中國政府是否要採取重新強化政府主導或領航經濟發展的能力或作為？

相反的，假設改革開放因素論者的看法是對的，中國政府的改革開放作為真的是促成中國過去經濟快速成長的主要原因，那麼為何政府去管制化作為可以造成過去連年的經濟高速成長，但卻無法阻止二〇〇八年以來中國經濟邁入成長減速的新常態？新常態現象是否意味著中國政府的改革開放力道不夠而必須大刀闊斧進行新的變革？

要釐清上述問題，必須探究中國經濟成長的動力來源結構。依經濟學理上的梭羅經濟成長模型（Solow Growth Model），可以將經濟成長動力來源依生產要素區分為資本投入、勞動力、總要素生產力等三項，其中，總要素生產力因素即包括其他無法以資本投入和勞動力來解釋經濟成長動能來源的一切因素。一般來說，總要素生產力因素又可區分為效率及技術進步等兩項因子，後者的意涵易於理解，而前者（效率因素）則通常反映或指涉結構性或制度性的問題或因素。因此，前述驅動經濟成長模型的生產投入要素，又可進一步細分為四大類型資本：實體資本（金融及固定資產因素）、人力資本（勞動力因素）、技術資本（技術進步因素）、制度資本（效率因素）。

一般而言，技術資本（技術進步因素）的貢獻度不易為負值，因此若總要素生產力出現負值，通常代表了制度資本（效率因素）的貢獻度為負值，或者技術資本（技術進步因素）的貢獻幅度不足以抵銷制度資本（效率因素）的負貢獻度，這也表示經濟存在結構性或制度性問題，使得經濟成長率趨緩或甚至下滑。這些結構性或制度性問題或因素包括了制度設計或政府以不當方式干預或扭曲資源的配置等。

依據上述梭羅經濟成長模型，將二〇〇八年以來的中國經濟成長動能因素進行拆解，不論是依據美國大型企業聯合會或伍曉鷹的估計，從二〇〇一～一四年的實際表現可以看出，對於驅動中國經濟成長率，各要素中以資本投入的貢獻最大，資本投入因素中又以非資通訊科技（非ICT）資本的帶動效果最大。而此一期間，資本投入和勞動力的貢獻度亦均呈現正值，尤其是二〇〇八年之後中國政府採取了一連串擴張性財政和量化寬鬆的貨幣政策，都是促使資本投入貢獻度持續正成長的重要因素，尤其是非ICT領域的投資貢獻最多，ICT資本的成長貢獻在二〇〇八年之後反而有下滑趨勢。至於總要素生產力的貢獻度，在二〇〇八年之後則呈現明顯衰退（依美國大型企業聯合會估計）或呈現負值（依伍曉鷹估計），拖累整體經濟成長率表現。換言之，二〇〇八年之後中國經濟成長率之所以趨緩或邁入所謂「新常態」，最主要關鍵因素即在於ICT資本及總要素生產力的貢獻下滑所導致，其中又以總要素生產力的負面影響較大（表二）。

伍曉鷹進一步對中國各產業部門進行總要素生產力的計算，發現由國有企業壟斷或高度干預的產業鏈上游部門，包括能源工業、基礎材料工業的總要素生產力，近十年來陷入成長停滯，但是中下游的成品和半成品製造業部門的總要素生產力卻是持續改進，產業鏈上下游部門在總要素生產力表現上呈現反差。此一現象意味著，中國政府以高度介入、干預產業上游部門的生產和資源配置，使其以低廉的原材料成本，補貼支持面對國際市場競爭的中下游成品和半成品製造業部門。而這個資源

表二——各生產要素成長率對中國GDP成長率的貢獻

	美國大型企業聯合會（2015）估計				伍曉鷹（2014）估計			
	ICT資本	非ICT資本	勞動力	TFP	ICT資本	非ICT資本	勞動力	TFP
2000年	1.1	3.5	0.2	3.3	1.2	3.5	0.2	1.3
2001年	1.0	3.6	0.2	4.7	1.2	3.6	0.2	0.5
2002年	1.1	4.0	0.2	5.9	1.2	4.0	0.2	3.8
2003年	1.1	4.6	0.2	7.8	1.3	4.7	0.2	1.1
2004年	1.2	5.1	0.1	2.7	1.5	5.3	0.1	1.7
2005年	1.4	5.2	0.1	3.5	1.7	5.5	0.1	0.7
2006年	1.5	5.4	0.1	4.6	1.8	5.4	0.1	3.8
2007年	1.2	5.7	0.1	5.9	1.5	5.6	0.1	3.6
2008年	1.1	5.5	0.1	2.2	1.3	5.5	0.1	-2.7
2009年	0.9	5.7	0.1	1.8	1.1	5.7	0.1	-0.5
2010年	0.8	6.1	0.1	2.7	0.9	6.1	0.1	3.1
2011年	0.7	5.9	0.1	2.0	0.9	5.8	0.1	-1.6
2012年	0.9	5.8	0.1	0.5	1.1	5.5	0.1	-3.3
2013年	0.9	5.8	0.1	0.4	1.2	5.1	0.1	-2.1
2014年	0.8	6.2	0.1	-0.1	1.0	5.3	0.1	-2.7

資料來源：

1. The Conference Board. 2015. *The Conference Board Total Economy Database™, September 2015*, http://www.conference-board.org/data/economydatabase/
2. Wu, Harry X.（2014）, "China's Growth and Productivity Performance Debate Revisited", The Conference Board Economics Working Papers, February.

配置扭曲的代價，不僅來自政府部門的政策補貼成本，同時還包含未被充分反映在成本價格上的負向外部性問題，例如對於土地的污染和對環境資源造成的不可逆傷害。因此，透過政府干預資源配置，包含各種形式的預算補貼、低成本的信貸融資，來支持大型國有企業在所謂戰略性產業中的發展，得到的是GDP的粗放式成長，但損失的則是效率。依此，伍曉鷹認為在現有發展模式下，中國經濟已接近成長的極限。[13]

四、習近平經濟學：十三五計畫中的供給側改革

儘管中國經濟已面臨由高速轉向中低速成長的「新常態」，但如前所述，二〇一二年時中共十八大就早已提出「兩個一百年」的目標，其中第一個一百年目標預計要在中共成立一百年時（二〇二一年）全面建成小康社會，而按照此政治目標，二〇一六～二〇二〇年期間GDP的年平均增速必須達到六．五六％以上。二〇二〇年時必須實現國內生產總值和城鄉居民人均收入比二〇一〇年「翻一番」，GDP要達到八十一兆人民幣，城鎮居民人均可支配收入要達到三萬八千二百一十八元人民幣，

農村居民人均純收入要達到一萬一千八百三十八元人民幣。

二〇一五年中國提出的「中華人民共和國國民經濟和社會發展第十三個五年（二〇一六～二〇二〇）規畫綱要」（簡稱「十三五」），基本上即是在中共十八大「兩個一百年」的發展目標指導下所訂定。十三五計畫完成期為二〇二〇年，正是中共十八大所提出的第一個一百年國家願景目標「全面建成小康社會」基本實現的時點。但依靠現有的經濟發展模式，恐難達成第一個一百年目標。不過，上述政治設定的經濟發展目標及時程仍須達成，否則將損及黨政領導班子的執政威信及中共政權的政治正當性。因此，若要達成上述目標，則必須解決影響當前中國經濟成長的拖累因素，包括前文已分析的ICT資本投入及總要素生產力提升等關鍵課題。

二〇一五年中國國務院《政府工作報告》已首次提出要提高「全要素生產率」（總要素生產力），並且要求加快實施創新驅動戰略。中國的「十三五」計畫提出未來經濟改革的重點在於「供給側改革」，被稱之為「習近平經濟學」。習近平指出「當前中國經濟發展中有周期性、總量性問題，但結構性問題最突出，矛盾的主要方面在供給側。主攻方向是減少無效供給，擴大有效供給，提高供給結構對需求結構的適應性，當前重點是推進『三去一降一補』五大任務」。[14]

所謂「三去一降一補」五大任務是指去產能、去庫存、去槓桿、降成本、補短板，包括：第一，積極穩妥化解產能過剩；第二，幫助企業降低成本（降低企業稅費負擔，降低製造業增值稅稅率，降低社會保險費，精簡歸併「五險一金」）；第三，化解房地產庫存（加快農民工市民化，消化庫存，穩定房地產市場，鼓勵房地產開發企業適當降低商品住房價格，取消過時的限制性措施）；第四，擴大有效供給；第五，防範化解金融風險。[15]

不過習近平也指出，「供給側改革的本質屬性是深化改革，推進國有企業改革，加快政府職能轉變，深化價格、財稅、金融、社保等領域基礎性改革。」[16]換言之，面對中國現有經濟發展模式的極限，可以看出習近平的「供給側改革」的策略，主要是以提升總要素生產力、深化體制改革為核心。

五、習政府是否有決心、能力改革結構性政經難題

雖然中國有許多評論指出，習近平所推動的「供給側改革」是要打造中國新的經濟發展模式，但是就習近平對「供給側改革的本質是深化改革，推進國有企業改革，

加快政府職能轉變」的定調來看，事實上只是要扭轉二〇〇三年以來重點產業領域「國進民退」程度不斷提高而衍生的經濟不效率情況，並回歸到二〇〇三年中共十六屆三中全會《關於完善社會主義市場經濟體制若干問題的決定》的發展路線，意即認為生產力發展仍面臨諸多體制性障礙，需要進行進一步體制改革。

要確保中國經濟成長不至於失速過快或產生硬著陸風險，從前述中國經濟成長動能來源的拆解可以看出，過去幾年中國政府採行擴張性財政和寬鬆貨幣政策的效果，單靠資本投入的成長貢獻已無法有效解決中國經濟成長趨緩或下滑的難題，甚至在實質需求不振、產能過剩的情況下，過度財政與貨幣政策的資金量化寬鬆環境反而造成了更多的泡沫經濟現象（例如房地產市場泡沫），衍生了嚴重的金融壞帳及財政赤字惡化問題。中國未來經濟發展的關鍵仍在於如何提升ＩＣＴ資本投入及總要素生產力。

如果習近平政府短期不想碰觸，或者因為內部派系競爭、中央與地方政府角力等政治因素而沒有能力碰觸政經制度和國有企業的大刀闊斧改革，那麼在效率因子貢獻度持續呈現負值的情境下，中國政府就必須較快大幅提升技術進步的成長貢獻度，來抵銷效率因子對ＧＤＰ成長的負貢獻。

中國「十三五」計畫已提出未來在產業政策上，一方面製造業必須轉向更高附加價值的技術內涵，加大對戰略新興產業的扶植力道，以達成二〇二五年製造強國的目標，另一方面更重要的是必須促使現代服務業以較快速度發展，[17]使中國朝向以服務業為導向之經濟體轉型。

但是中國製造業要出現較大幅度的技術進步成長並不容易。首先，必須解決前述二〇〇八年以來ICT資本投入對整體經濟成長貢獻度不斷下滑的問題，對比非ICT資本貢獻度不斷成長的情況，說明二〇〇八年中國新增的投資並非投在有利未來技術創新的產業上，而較多是在傳統產業部門，例如鋼鐵、原物料等產業，從而造成整體產能過剩的情況。其次，除了中國本身的課題之外，二〇〇八年之後世界主要經濟體所構思的新產業發展方向都更加強調製造業技術水準的提升，例如美國的「先進製造技術」（AMP）、韓國的「製造業創新3.0策略」、德國的「工業4.0」、歐盟的「ESPRIT」、日本的「智慧製造系統」（IMS）等等，而相關技術創新的高階專利多數已掌握在世界主要先進經濟體手中，從而使得中國短期之內較難出現大幅度的技術進步成長。

被視為未來重點發展的現代服務業，其發展通常與效率因素（制度資本）息息相關，需要大幅調整政府監管及介入經濟活動之體制及法規，給予服務業更大發展空間，而這又回到是否要大力推動既有制度改革的問題，考驗著習近平政府的改革決心和能力。

換言之，在此情境之下，從確保中國經濟能持續處在中高速成長之「新常態」的角度，習近平政府將無可避免必須正視結構性問題的處理與改革，包括重新定位政府的經濟職能並進行國有企業部門的改革等等，以提升效率因子的成長貢獻度。推行結構性改革，短期之內不可避免地一定會造成經濟成長某種程度的減速，但就中長期來看，推行結構性改革反而有利於總要素生產力對經濟成長的貢獻效果加大。

習近平所推動的「供給側改革」，其結果會不會如同二〇〇三年中共十六屆三中全會原本決議要進行體制深化改革，但最終卻重蹈覆轍、逆向走回在重點產業領域出現「國進民退」的老路，仍有待觀察。不過，近期中國相關經濟決策經常出現矛盾和反覆，不僅讓外界對其決策機制和過程感到疑惑，也不禁令人質疑其內部出現政策路線和決策權力競爭的問題。例如中國官方為推動人民幣國際化，原本已決定逐漸開放資本帳，但後來又無預警讓人民幣重貶，隨後又阻止因人民幣貶值加劇而產生的資本外逃，又緊縮了資本帳開放的大門。再如二〇一六年為應對暴跌的中國股市，推出股市「熔斷」機制（盤中暫停交易），但僅實施了四天即告停止。政策快速變動和反覆，甚至出現相關政策不由權責部門決定的怪異情況，連英國《金融時報》都直接指出當前中國政府內部已出現「政策溝通危機」。[18]

令人質疑其內部出現政策路線和決策權力競爭問題的最直接觀察，來自近期國家主席習近平和國務院總理李克強之間的角力已透過媒體傳播而公開化。

據媒體報導，「二〇一五年六月中國發生股災後，習近平和李克強因股市問題發生衝突，因股市經濟是李克強提出的。二〇〇七年後A股一直低迷，李主張啟動股市，要借股市搭救中國經濟和地方政府債務的想法，從一開始就遭到習近平的質疑；後來當股市崩盤危及到政治和社會穩定，習終於按捺不住，與李發生矛盾。」[19]

習近平的「供給側改革」主張，早在二〇一五年十一月中央財經領導小組第十一次會議上即已提出，卻在二〇一六年五月九日至五月十六日的一週時間內，由北京當局通過官方會議和官媒報導予以三次提及；特別是在十六日的會議上，習近平直言「有的地方還沒有有力行動起來，有的工作抓得還不精準」。[20]

由習近平掌控的黨報《人民日報》，在二〇一六年五月九日的頭版刊登一篇「權威人士」專訪，以七千字篇幅談論當前中國經濟情勢，幾乎全面否定國務院總理李克強的經濟施政。五月十六日，國務院在官網刊登三篇文章說明經濟實現「較好開局」，似乎是對《人民日報》評論的反駁。[21]

上述中國領導班子內所出現的政策路線和權力競爭，未來有可能為習近平「供給側改革」的落實執行埋下變數。因此，中國能否變革現有經濟發展模式，解決經濟成長面臨的結構性難題，不僅考驗習近平政府的決心，更考驗習近平是否具備克服領導班子內部政策路線歧異和權力競爭的領導能力。

5

進兩步、退一步——習近平主政下中國的強勢外交

蔡明彥

中國第五代領導人習近平在二〇一二年十一月上台接班後，外交路線相當鮮明，國際關係學界最常用來形容他對外政策的用語便是「強勢」（assertiveness）一詞。本文認為習近平之所以在外交上採取強勢作為，主要是為了回應國際和國內政經局勢所出現的劇烈變動。

從國際經濟局勢來看，中國已在二〇一〇年超越日本，成為世界第二大經濟體。美國雖然維持世界第一大經濟體的地位，並在高科技領域，例如資訊產業、生物技術、國防和醫療等，遙遙領先中國，但從整體發展趨勢來看，中國綜合國力持續提升已是不爭的事實。中國內部在分析國際經濟情勢演變時認為，美國在二〇〇八年金融危機後，國力已出現明顯的下滑；在此同時，歐盟也遭受成員國債務危機的衝擊，內部問題叢生且凝聚力下降。當前全球經濟發展趨勢已經證明，中國正站在歷史正確的一方，未來將在國際經貿領域發揮關鍵的影響力。[1]

從國際政治局勢來看，歐巴馬在他第一任任期結束前，在前助理國務卿坎培爾的規畫及前國務卿希拉蕊．柯林頓的支持下，提出亞太「再平衡」（rebalancing）戰略，推動美國在亞太地區的全新戰略布局。在美國宣布「重返亞洲」的同時，中國內部開始出現一種聲音，主張中國必須積極地捍衛自身的「核心利益」，甚至不惜和美國進行戰略衝撞，如此才能透過隨後展開的戰略磨合，創造出符合中國國家利益的「新現狀」。[2]

另外，就國內政經情勢來看，近年來中國經濟雖然持續成長，但是發展速度已經明顯趨緩，而且黨、政、軍體系普遍充斥著嚴重的貪腐問題。加上當前中國缺乏具有吸引力的意識型態，導致民眾對中國共產黨的信任度持續降低，社會不滿情緒也隨之升高。中國共產黨內部對於如何處理各地爆發的工農抗爭、異議分子活動、少數族群衝突問題，也開始出現檢討聲音，擔心共產黨長期以來的統治地位會因此受到動搖。[3]

在前述國、內外環境的變化之下，中國對外關係同時呈現各種機會和挑戰。事實上，相較於國內政經局勢充滿了各種不確定因素，外交政策可視為習近平比較容易有所作為、甚至可以得分的場域。原因在於，中國在綜合國力提升後，國際政經影響力逐漸上揚，國際社會在討論重大政經議題時，已很難完全忽略中國的態度和立場。在此同時，中國也開始對自己的國際影響力充滿自信，相信透過對外政治、經貿和軍事實力的展現，將能進一步提升中國對國際政經秩序的發言權及影響力。[4]

另一方面，相較於中國政府其他官僚部門，包括公安武警、能源產業、軍事部門，外交系統內部的派系問題比較不嚴重。中國外交體系人員的網羅和養成向來偏重專業主義，不論國務委員或是外交部長，長期以來扮演的都是專業官僚的角色，對於最高領導人下達的政治指示，不至於出現明顯的派系力量掣肘，也比較願意接受最高領導人的政策指揮。

基於前述的現實考量，習近平在外交決策和施政上，展現出相當強勢的領導風格。在外交決策制度方面，習上台後開始發展「頂層設計」及「高效權威」的領導體制，不僅在二〇一三年十一月成立中央國家安全委員會（簡稱國安委），還在二〇一四年四月提出「總體國家安全觀」。習主張中國必須「既重視外部安全，又重視內部安全；既重視國土安全，又重視國民安全；既重視傳統安全，又重視非傳統安全；既重視發展問題，又重視安全問題；既重視自身安全，又重視共同安全」，試圖為中國國家安全觀做出清楚的定調。[5]

在外交施政方面，習近平在二〇一三年一月二十八日召開的中央政治局集體學習會議中強調「中國必須堅定不移地走和平發展道路」，但「決不能放棄自己的正當權益，決不能犧牲國家核心利益」，反映出「軟中帶硬」的外交立場。[6]二〇一四年十一月，習在任內首度召開的「中央外事工作會議」上，主張「中國必須有自己特色的大國外交」，要求中國對外工作必須具備鮮明的「中國特色、中國風格、中國氣派」，[7]展現鮮明的民族主義色彩。

習近平在外交政策展現自信，高舉捍衛中國「核心利益」的旗幟，除了可視為確保國家利益、提升中國國際影響力所採取的理性作為外，也有可能是基於個人的政治利益考量，希望利用外交上的強勢作為獲取政治成果，藉以鞏固自己在國內的權力基礎。對習近平而言，透過外交上的強勢作為，可以告訴中國人民以及敵對派系，他有能力為國力崛起的中國在國際上掙得大國該有的地位。同時，習利用強勢外交的操作，除了凸顯中國在外交上「有所作為」甚至「奮發有為」外，也讓國內民眾體認到，唯有習近平當家才能讓中國在險峻的國際情勢中化險為夷，並捍衛中國的「核心利益」。

本文接下來的觀察重點在於探討習近平採取的強勢外交作為及其產生的影響，包括：提出跨國經貿合作倡議、執行「一帶一路」計畫、籌設新的國際金融機構、挑戰東海及南海地區現狀，以及管理中美關係等。最後，本文也將評估中國強勢外交對台灣國際處境帶來的影響，包括各種機會和挑戰。

一、以經貿合作計畫提升國際政經影響力

中國在推動外交政策的過程中，越來越重視經濟工具的運用，讓經貿外交在中國對外政策的比重持續攀升。

中國經貿外交的第一種做法是推動「自貿區」談判。在東北亞方面，中國、日本和南韓在二〇一三年三月正式啟動第一輪三邊自由貿易談判。中、日、韓三國除了針對撤除關稅成立工作小組外，還就服務業與投資開放等議題進行磋商。截至目前為止，相關談判還在持續進行中。中國推動「自貿區」談判除了經濟因素考量外，也有政治上的盤算，希望透過中、日、韓三邊自貿區的推展，提升中國在東北亞地區整體的經濟及政治影響力。

在東南亞方面，習近平和李克強接班後多次走訪東南亞國家，不斷強調中國將積極推動「區域全面經濟夥伴協定」（RCEP）談判，打造「中國—東協自貿區」升級版。中國在經貿上拉攏東協國家，反映在外交上的意義至少有兩方面：第一、中國希望利用對「東亞主義」的操作，排除美國這個域外國家對東亞區域經貿整合進程的參與，建立起中國在區域經濟合作的領導地位；第二、北京經常提醒東協國家

必須正視和中國之間廣大的經貿合作利益、分享中國經濟發展的「紅利」，不該去聲援由菲律賓和越南針對南海主權爭端提出的各種外交訴求，以免站在中國的對立面。

習近平推動經貿外交的第二種做法，是擘畫中國和外國經貿合作的繁榮願景。在東南亞地區，中國宣示將力爭在二〇二〇年讓雙邊貿易額達到一兆美金的規模。在南亞地區，習近平在二〇一四年九月訪問印度時表示，希望爭取未來五年雙方貿易額提升至一千五百億美金的規模，並將中國對南亞地區的投資提高至三百億美金，同時承諾中國將為南亞國家提供二百億美金的優惠貸款。[8]

在中東方面，中國和阿拉伯國家宣布未來將合作構建「1＋2＋3」的合作格局，未來十年中、阿希望將雙邊貿易額從目前的二千四百億美金增加為六千億美金。[9]在拉丁美洲部分，中國和拉丁美洲共同體成員宣布力爭在二〇二五年將雙邊貿易提高至五千億美金，雙方投資存量將達到二千五百億美金。

前述合作計畫除了可擴展中國的對外貿易，在外交上也有相當程度的意義。以拉美地區為例，中國和拉丁美洲共同體國家推展經貿合作，不僅能讓中國的政經影響力延伸到美國的「後院」，對美國的亞太「再平衡」戰略做出反制動作，還能利用「中拉論壇」作為和台灣邦交國進行對話及合作的平台，建立起和台灣邦交國公開接觸及官方互動的機會。

中國經貿外交的第三種做法，則是推展和其他國家之間的基礎建設聯通。除了本文稍後將提到串連中亞、中東、南亞、歐洲的「一帶一路」計畫外，北京在推動對外經貿合作計畫時，經常將基礎建設聯通列為重點項目。例如中國和拉丁美洲國家在二〇一五年一月召開首屆「中拉論壇」部長級會議，通過《中國與拉美和加勒比國家合作規畫（2015-2019）》，確定雙方未來五年合作的重點領域和具體措施。其中最重要的合作計畫包含基礎設施建設，雙方同意加強在交通運輸、港口、公路、倉儲設施、商貿物流等領域的合作。為此，雙方承諾將利用「中拉合作基金」及「中拉基礎設施專項貸款」，由中國提供優惠貸款，推動各項重點合作專案。[10]對北京來說，推動這類基礎建設合作計畫，有助於鋪建中國在全球商品進出口的運輸通道，還可讓中國經貿網絡的觸角深入世界各個不同地區。

即便如此，中國的經貿外交還是面臨一些問題。首先，北京雖然大幅擴展和其他國家之間的貿易規模，但中國在處理和周邊國家之間的海上領土紛爭時，態度卻越來越強硬。加上中國軍事現代化腳步不斷加快，引發外界尤其是周邊國家對中國經貿外交背後政治動機的質疑，擔心北京的經貿外交只是擴張主義下的「笑臉攻勢」。[11]

其次，北京和開發中國家發展經貿關係，經常偏重於採購中國急需的能源或礦產原料，這樣的合作關係對於協助開發中國家追求工業化並無太大幫助。更重要的是，經貿合作帶來的利潤大多流向當地既有的統治菁英，導致低度開發國家內部社會及經濟不公平的問題更加嚴重。[12]因此，就在中國積極推展對外經貿合作關係的同時，各種針對中國經貿外交所提出的關切和質疑也隨之不斷擴散。

二、以「一帶一路」進行歐亞地緣戰略布局

二○一三年九月七日，習近平在訪問哈薩克時，指出中國將和中亞國家發展新的合作模式，共同建設「絲綢之路經濟帶」；二○一三年十月三日，習近平訪問印尼時強調，中國將和東協加強海上合作，共同建設「二十一世紀海上絲綢之路」，而前述這兩項計畫就被統稱為「一帶一路」倡議。（圖一）

中國提出「絲綢之路經濟帶」計畫，主要是希望利用貿易、投資、金融合作等方式，連結東亞、南亞、中東、歐洲及北非地區，發展出歐亞大陸最具潛力的經濟走廊。另外，中國主張的「二十一世紀海上絲綢之路」計畫，則是為了和東南亞、南亞、

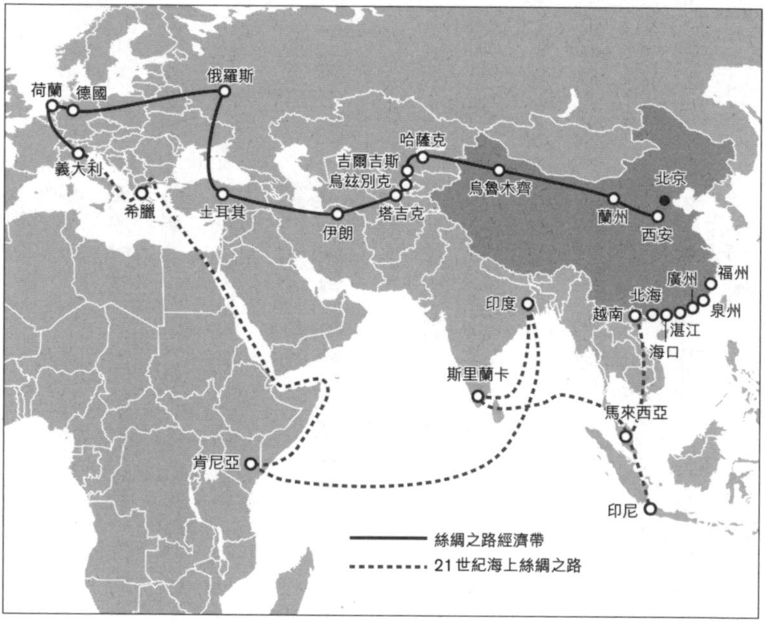

圖一———「一帶一路」路線圖

資料來源：鉅亨網，http://news.cnyes.com/special/oneRoad/

印度洋、非洲及歐洲沿線國家，共同修建海上運輸與港口基礎設施，增加和沿線國家進行海洋商務往來及經貿合作的機會。根據中國官方的說法，「一帶一路」計畫途經的國家，包含亞洲、非洲、歐洲地區共計二十六國，合計擁有四十四億人口及二十一兆美金的經濟規模，未來十年內將能在基礎建設投資方面帶動一．六兆美金的商機。[13]

「一帶一路」計畫的提出，對中國在外交及國際戰略布局上具有幾方面的意義：

第一、在國際戰略方面，北京推動由東向西、橫亙歐亞大陸的「一帶一路」計畫，可提升中國和沿線國家之間的政經合作關係，反制美國推動亞太「再平衡」在歐亞大陸東側太平洋地區對中國帶來的戰略壓力。[14]

第二、在國際經貿方面，「一帶一路」計畫可串連歐亞大陸的經貿節點，將沿線國家納入一個以中國為中心的經濟圈。習近平本人曾指出，實現「一帶一路」的重點在於「加強道路聯通，打通從太平洋到波羅的海的運輸大通道，逐步形成連接東亞、西亞、南亞的交通運輸網絡」。同時，中國還希望推動「一帶一路」沿線國家之間的貿易暢通及貿易和投資便利化，加強貨幣流通，實現本幣兌換和結算機制的建立。[15]

第三、在國內經濟部分，中國國內的經濟成長速度正逐漸趨緩，推動「一帶一路」計畫將有機會解決中國國內產能過剩的問題，提供鋼鐵、水泥、玻璃及各種低階產品輸往外國市場的機會。另一方面，中國也可透過「一帶一路」，從外國引進較好的服務標準和管理經驗，增加中國企業的競爭力。[16]

第四、在外交政策方面，習近平上台後提出所謂「親、誠、惠、容」的外交理念，主張「與鄰為善、以鄰為伴」的周邊外交。「一帶一路」計畫可提供中國官方宣傳習近平周邊外交的素材，印證中國為了協助區域發展所做出的貢獻，包括讓周邊國家分享中國經濟發展的成果。[17]

整體來看，「一帶一路」計畫牽涉中國對外整體的政、經布局，顯示北京試圖利用對「經濟整合」、「互通互聯」及「周邊外交」的綜合操作，建構出一個以中國為核心、橫跨歐亞非大陸的經濟及戰略合作地帶。

面對中國積極推展「一帶一路」計畫，亞太地區主要國家包括美國、日本和印度也開始採取措施予以反制。在美國方面，歐巴馬政府決定大力推動「泛太平洋夥伴協定」（TPP）和「泛大西洋投資貿易協定」（T-TIP）的相關談判，尋求建立涵蓋全球三分之二經濟的自由貿易區，發展高標準的全球經貿規範（包含重視勞工權益和環境保護），藉以主導國際自由貿易合作的基本規則。[18]

另外，日本也在二〇一五年五月宣布設立規模高達一千一百億美金的「高品質基礎建設投資計畫」，預計在未來五年內援助亞洲國家推動基礎設施建設。這項計畫刻意強調「高品質」，目的在協助受援國降低從事鐵路與公路建設計畫時所造成的環境污染，同時也暗指中國「一帶一路」計畫在施工品質上可能出現的問題，頗有和「一帶一路」分庭抗禮的用意。[19]

印度方面一直對中國主張「二十一世紀海上絲綢之路」計畫抱持疑慮態度，擔心中國藉此取得南亞地區重要港口的營運權，甚至是海軍基地的使用權。因此，印度總理莫迪政府在上台後，便決定提出「季節計畫：跨印度洋海上航路與文化景觀」跨國合作倡議，希望恢復印度洋在古代的海上航路，加強南亞國家彼此之間的文化連結，提升東非、阿拉伯半島、南亞次大陸、斯里蘭卡、東南亞國家在印度洋周邊水域的多面向合作，以便抗衡中國主導的「二十一世紀海上絲綢之路」合作倡議。[20]

北京尋求在歐亞大陸建立一個以中國為中心的政經合作地帶，這樣的意圖已經牽動國際社會主要國家之間的戰略角力。美國、日本、印度等國家針對「一帶一路」計畫採取反制措施，顯示中國追求戰略擴張的積極布局，不僅升高國際社會對中國戰略意圖的猜忌，也讓中國承受來自潛在競爭對手越來越大的制約力量。

三、籌設國際金融機構建立金融新規範

北京在推動「一帶一路」計畫的同時，還提議成立「亞洲基礎設施投資銀行」（簡稱「亞投行」），初期「亞投行」總資本額預計為一千億美金，未來將為亞洲國家基礎設施包括公路、鐵路、港口建設，提供相關的融資服務。

中國提出「一帶一路」和「亞投行」計畫後，吸引了亞洲甚至歐洲地區包括英、德、法、義、瑞士等五十七個國家表態加入，申請成為「亞投行」的創始會員國，希望未來能爭取參與投資聯貸的機會。中國主導的「亞投行」和美、日支持的「亞洲開發銀行」（ADB），在角色和功能上相當接近，目的都在對亞洲國家提供公、私部門融資放款。「亞洲開發銀行」的資本額雖高達一千六百五十億美金，但仍無法支應目前亞洲地區開發中國家每年大約八千億美金的基礎建設資金需求。

此外，「亞洲開發銀行」在對外提供放款計畫時，通常會要求受援國接受一些附帶條件，例如增加政策透明度、打擊貪腐、保護環境及勞工權益等。北京經常批評

美、日等國刻意操作「非經濟因素」，干擾開發中國家的經濟發展。因此，中國設立「亞投行」的目的之一，應是為了建立一套有別於「亞洲開發銀行」的運作標準。根據「亞投行」創始會員國於二〇一五年五月二十二日在新加坡舉行的籌備會議，中國在「亞投行」將占有百分之二十～三十的股份，成為該行第一大股東。[21]北京擁有「亞投行」高額出資比例，同時主張「亞投行」應依照國內生產毛額規模分配各國投票權，將讓中國未來能夠主導「亞投行」的實際運作及重大決策。

在透過「亞投行」提供大規模基礎建設貸款的同時，中國還計畫發展出一套完整的金融借款系統，試圖透過對外國進行的金融放款，擴大人民幣的國際化程度，最終建立一個以人民幣結算為主體的歐亞貿易圈。[22]

中國採取具體行動設立「亞投行」，意謂第二次世界大戰結束以來美國在國際金融領域建立的規則和秩序，正面臨來自北京的挑戰。基本上，中國的挑戰動作包含了兩部分：一方面，北京積極結合其他新興工業國家，提出改革「世界銀行」及「國際貨幣基金」的呼聲，希望增加開發中國家在現有國際金融機構的參與權及發言權；另一方面，中國已經開始另起爐灶，創立「亞投行」、「上海合作組織開發銀行」、「金磚國家開發銀行」這些全新的國際金融機構，挑戰美國長期主導的國際金融規範。

二戰後美國在國際政治和區域安全秩序等優勢領域建立起來的領導地位，短期內可能不至於立即遭到中國的挑戰或取代；但是在美國力有未逮、中國逐漸擁有優勢的領域，例如國際金融貸款、跨國基礎設施聯通、人民幣國際化等部分，中國步步進逼的動作正在加劇當中。

然而，中國希望主導創立新的國際金融機構，並非完全沒有面臨任何問題。以北京主導設立的「亞投行」和「上海合作組織開發銀行」為例，這些銀行設立後主要的放款和援助對象，大多為借貸信評等級較差的新興國家或企業。尤其「一帶一路」沿線經過的國家及政府，許多都存在貪污腐敗、行政效能不彰、決策透明度低、財政赤字嚴重、企業債台高築等問題。中國主導的國際金融機構倘若不按照現有國際標準處理放、貸款事宜，未來很可能讓各種開發援助計畫，淪為當地政治人物貪污舞弊的管道，不僅對沿線國家人民生計及經濟發展無所助益，還可能會加速當地政經情勢的惡化。[23]

另外，中國本身的國家政策、貨幣運作、監督機制向來不透明，未來能否為其主導的國際金融機構建立良好的運作機制，外界仍存有許多質疑。中國在掌控「亞投行」、「上海合作組織開發銀行」、「金磚國家開發銀行」等機構的理事會或重要行政職務後，是否會在各類援助貸款計畫中設下有利於中國政府或企業的條件，也為這些新興金融機構的後續營運帶來不確定的因素。

四、操作「既成事實」挑戰東海及南海現狀

習近平上台後，中國在處理和周邊國家的海上領土爭端時，態度越來越強硬。基本上中國採取的是一種「既成事實」(fait accompli) 戰略，也就是在一開始先和周邊國家進行「戰略衝撞」，隨後再展開必要的協商及「戰略磨合」，藉以向外界展現中國捍衛國家利益的政策底線，迫使對方妥協，進而在東亞地區創造出有利於中國的「新現狀」。

以東海爭端為例，中國在二〇一三年十一月宣布劃設東海防空識別區後，(圖二) 解放軍隨即在該空域展開密集的空中巡邏，此舉意謂該項決定在事前便已獲得政治高層包括中共中央政治局或中央軍委會的充分授權。[24] 依照中國國防部的說法，自二〇一三年十一月劃設東海防空識別區後，中方便對區域內各國航空器活動情況進行全面監管。在二〇一三年十一月二十三日至十二月二十二日期間，解放軍出動包括

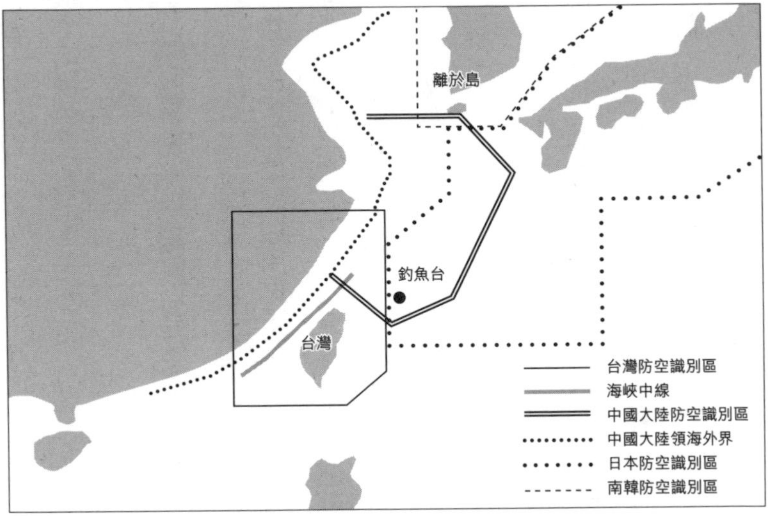

圖二——中國東海防空識別區位置圖

資料來源：〈大陸防空識別區掀波〉，中央社，2013年12月3日，
引自 http://www.cna.com.tw/news/firstnews/201312030039-1.aspx

偵察機、預警機、戰鬥機共計五十一批八十七架次，執行例行巡邏與緊急識別查證任務。北京強調這些「例行性巡航」已經加強中方對東海防空識別區的有效監管，同時維護了中國的空防安全。[25]

目前中國劃設東海防空識別區的舉動，已經走過了「衝撞期」，開始進入「磨合期」的階段。美國和日本為了防止東海地區發生海、空軍機艦擦撞的意外事件，只好尋求和中國進行協商，希望能建立起危機預警及緊急事件通報機制，防止緊張情勢不斷升高。美國和中國已經在二〇一四年十一月簽署《建立重大軍事行動相互通報信任措施機制的諒解備忘錄》和《海空相遇安全行為準則諒解備忘錄》，並在二〇一五年九月「歐習會」中宣布達成《空中相遇準則》。美、中雙方還承諾未來將持續討論重大軍事活動通報機制的建立。[26]

另外，日本也和中國針對建立海上聯絡機制展開對話，雙方同意進行高級工作級別海洋磋商，針對東海突發情勢進行管理，包括海洋安全事務、如何開發東海資源、如何取締中國漁船進入日本領海等問題進行討論。[27]

然而，美、日決定和中國進行相關協商，在某種程度上已經落入北京的戰略邏輯。北京的目的本來就是透過對外進行的戰略「衝撞」，配合隨後展開的協商和「磨合」，迫使美國及日本「承認」中國軍方在東海空域的「實際存在」。這種「進兩步、退一步」的策略操作，將讓北京有機會改變長期以來美、日兩國在東海空域擁有的絕對支配地位。

相同的策略操作手法也反映在中國的南海政策之上。近年來，中國不斷加強在南海水域的海上執法及軍事演訓活動。二〇一四年五月，中國將深水鑽油平台「海洋九八一號」放置在西沙群島水域從事探油活動，除了在鑽油平台周圍十公里水域劃設禁制區外，還派出七艘軍艦提供軍事保護。更重要的是，中國還在其控制的南沙島礁上，進行大規模的填海造陸工程。北京不僅在各島礁上擴建碼頭設施，更在永署礁及美濟礁興建長達三千公尺的機場跑道，未來將可作為起降各型偵察機和戰鬥機之用。[28]（圖三）

目前中國在南海地區的活動正處在「衝撞期」階段，也就是透過各種海上執法、資源開發、軍事演訓、填海造陸計畫，持續地試探周邊國家的反應以及美國的政策底線，目的就在利用「既成事實」戰略的操作，加強中國在南海地區的事實存在和實際控制。

面對中國在東海及南海地區進行的戰略衝撞，美國已經採取一連串的動作予以

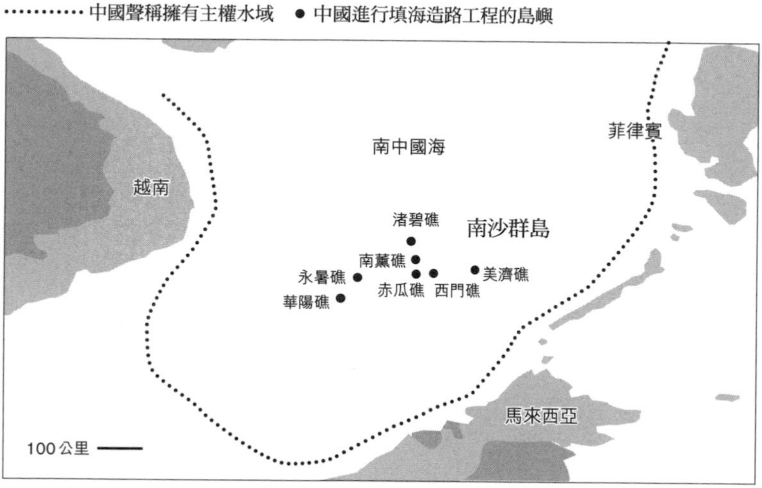

圖三——中國在南海島礁擴建位置圖

資料來源：〈南海主權島礁爭議〉，BBC中文網，2015年10月27日，引自http://www.bbc.com/zhongwen/trad/china/2015/10/151027_background_south_china_sea_reefs

回應。在外交上，美國國防部長卡特在二〇一五年五月舉行的第十四屆香格里拉會議中，呼籲各方立即停止填海造陸的舉動，反對任何一方在島礁進行軍事化活動。美方重申未來將在南海地區繼續行使和維護航行及飛越自由，同時鼓勵中國和東協儘快針對「南海行為準則」的簽署達成共識。[29]卡特還宣布美國已經決定提出全新的「東南亞海洋安全倡議」，未來幾年內將提供四億二千五百萬美金的經費，協助區域夥伴國家建設海洋能力，並且派駐一名新的軍事顧問進入美國駐東協代表團，負責推動海洋安全和人道救援合作。[30]

在軍事上，美國海軍於二〇一五年五月二十日派出一架P-8偵察機，機上搭載著CNN記者，從菲律賓克拉克空軍基地起飛，抵達中國控制的南海島礁執行偵查任務，展現美國對南海情勢的密切關注。二〇一五年十一月，美國更進一步派出伯克級驅逐艦「拉森號」前往南海水域進行巡弋，並且進入中國控制的渚碧礁和美濟礁周邊十二海里水域。美方主要的擔心在於中國完成島礁的填海造陸工程後，可能進一步推動島礁的軍事化，假如美方沒有採取任何動作，屆時南海地區的現狀將遭到嚴重的挑戰及破壞。

此外，美國也和涉入南海主權聲索的菲律賓及越南，發展出緊密的海洋安全合作關係。在美菲合作方面，根據雙方在二〇一四年四月簽署的相互防禦協定，美國已開始使用菲律賓境內八個軍事基地，進行軍隊、船艦與戰機輪調。相關軍事部署將可讓美軍部隊在危機發生時，迅速地抵達南海爭議島礁，對中國在南海水域的擴張行動進行牽制。[31]在美越合作方面，美國除了宣布解除對越南出售非殺傷性武器出口管制外，也積極發展和越南的海洋安全合作關係。二〇一五年二月，菲律賓和越南宣布建立戰略夥伴關係，未來美國有可能將越南納入美、菲「肩並肩」(Balikatan)年度聯合軍事演習，發展出美、菲、越三邊聯合軍事演訓行動。[32]

日本方面，安倍政府擔心南海情勢若急速惡化，可能威脅日本本身的安全。二〇一五年六月，安倍和來訪的菲律賓總統阿基諾三世共同表達對中國在南海水域填海造島、片面改變區域現狀的關切。雙方宣布未來日本和菲律賓將加強安全合作關係，並且針對軍備和軍事技術轉移事宜進行商討。另外，日本和菲律賓也簽署合作協定，由日方援助菲律賓十艘全新多用途巡邏艇，預計在未來二至三年內完成所有十艘巡邏艇的移交。二〇一五年五月，日本更首度和菲律賓在南海水域舉行海上演訓活動。[33]

印度部分，莫迪總理在二〇一五年五月上台後，開始和美國針對南海問題發展合作關係。二〇一五年二月歐巴馬訪問印度時，雙方發布美印聯合聲明，宣示兩國對南海安全情勢的關切和共同立場。[34]同時，印度也積極和越南發展在海洋安全領域的合作。二〇一五年五月，越南國防部長馮光青訪問印度，雙方共同發布《二〇二〇年聯合願景聲明》，並且簽署加強兩國國防和海巡合作的備忘錄。印度方面承諾未來將提供越南四艘海上巡邏船艦，提升越南海岸巡防能力。[35]

至於澳洲，國防部長安德魯斯則在二〇一五年五月三十一日宣布未來將持續派遣軍事偵察機進入南海水域執行任務。二〇一五年七月，澳洲和美國、日本共同動員三萬名兵力舉行聯合演習，演習重點放在如何因應南海局勢。[36]

事實上，中國針對維護東海與南海主權採取的強勢作為，已經為美國推動亞太「再平衡」戰略提供絕佳的著力點，讓美國可以藉此機會和區域內相關國家發展出更緊密的外交和安保合作網絡。中國在東海及南海地區採取的「既成事實」戰略，確實為中國在周邊地區創造「新現狀」增加了不少籌碼，但其代價是美國及其區域盟友針對中國所建構的戰略防範圈也在加速推展。

五、以「新型大國關係」管理中美關係

中國在對外採取強勢外交的同時，由於整體國力仍然落後美國，因此必須妥善地管理和現有霸權——美國之間的關係，防止美中關係失控。為此，習近平在二〇一三年六月訪問美國時，向美國總統歐巴馬提議，中、美兩國應共同探索構建「不衝突不對抗、相互尊重、合作共贏」的「新型大國關係」。[37]

基本上，美國和中國都認為有必要加強彼此間的交流和對話，近年來雙方已經發展出包括「戰略與經濟對話」、「人文交流高層磋商」等九十多個對話及溝通機制。另外，兩國領導人和高層官員也透過各種定期對話機制進行會談，試圖塑造雙方之間友好的政治氣氛，穩定雙邊關係。目前美、中對於雙邊合作的共識，大多聚焦在氣候變化、全球發展、宏觀經濟政策、社會交流、軍事風險控管，以及司法及反恐合作等較不具爭議性的議題之上。

即便如此，美國方面對於中國有關「新型大國關係」的提議，一直抱持謹慎的態度。截至目前為止，歐巴馬政府主要決策官員仍避免直接使用「新型大國關係」一詞，來形容美中雙邊關係。[38]二〇一三年是習近平上台後的第一年，歐巴馬政府重要

官員，包括時任國家安全顧問多尼倫、財政部長傑克．盧、國務卿凱瑞、參謀長聯席會議主席馬丁．登普西等人紛紛走訪中國。這些人在訪問中國期間均未使用「新型大國關係」的說法，而是呼籲中國應和美國針對重要議題如網路安全、北韓核武、兩軍關係等，發展出更具體的合作關係。[39]

美國國務卿凱瑞在二〇一四年七月前往北京參加第六輪美、中「戰略與經濟對話」時，強調「『美中關係新模式』並非用話語來定義，而是要透過實際行動來實現」，呼籲中方不應讓美中合作淪為政治口號，而是採取具體行動，解決兩國爭議。[40]華府認為北京不應只是在言辭上表達願意和美國合作的意願，而應針對美方關切的重大議題及爭議，例如南海爭端、人權問題、網路安全等，提出更具體、更具建設性的解決辦法。

整體來看，美中雙邊關係目前面臨的最大挑戰，在於許多「舊」爭議還沒完全解決，「新」爭議卻又不斷浮現。在「舊」爭議方面，美、中之間的爭端至少包括人民幣匯率、貿易失衡、市場開放、人權問題、智慧財產權等，這些問題長期以來一直是兩國政府關注的焦點。至於「新」爭議，則有網路安全、中國劃設東海防空識別區、南海島礁擴建等問題。如果仔細檢視美、中之間的各項爭議，可發現不論「新」、

「舊」，在本質上大多涉及兩國在政治體制、經濟利益、戰略安全的結構性矛盾，短期內很難獲得根本性解決。

尤其美國和中國在軍事安全領域的競爭關係越來越明顯。近年來，中國積極發展所謂的「反介入／區域阻絕」(anti-access/area-denial, A2/AD）戰力，目的在阻絕美軍部隊介入東亞地區的突發情勢。中國為了執行A2／AD戰略，正積極發展空軍、海軍、航太、水下、資訊戰等方面的能力，試圖建立起多層次的攻擊能力，將中國的軍力投射向外延伸至西太平洋各地，並且嚇阻美國對區域衝突的軍事介入。

為了因應相關發展，美軍已展開新一波的軍事改革計畫，未來十年美國將對陸軍和陸戰隊裁減大約百分之十~十五的兵力，改以「海空一體化作戰」(Sea-Air Battle）作為軍事準備的重點。目的就在利用美國在航空、航天、網路、電子科技等領域的優勢，結合美軍在關島與亞洲盟國的軍事部署，反制中國的A2／AD戰略，並且因應海上領土爭端所引起的突發性武裝衝突。[41]另外，美國國防部也承諾美軍將在亞太地區維持六個航母戰鬥群的部署，並在二〇二〇年前將百分之六十的海軍船艦轉移到這個地區，落實美方對維護亞太區域安全的政治承諾。[42]未來如何緩解美、中雙方在軍事安全領域的競爭關係，並且控管因為東海或南海主權爭議所引發的區域緊張情勢，將持續成為美、中推動「新型大國關係」的重要挑戰。

更重要的是，隨著中國國力持續崛起，習近平和中國過去二十年的領導人相較，在對外政策上更加自信與專斷。習近平上台以來，中國在區域政治、國際金融、海上領土爭端、「一帶一路」計畫上採取的積極作為，已經升高美方的關切。近年來，美、中之間的角力除了聚焦在軍事安全領域外，也開始擴展到區域經貿秩序和全球戰略布局的競爭。美、中之間原本就存在各項「新」、「舊」爭議，加上北京的外交作為越來越強勢，讓未來美中關係可能因為各種意外狀況的發生，變得更加白熱化，如此一來恐怕會讓雙方之間的「競合」關係變得更加不容易管理。

六、結論

中國在習近平上台後，外交政策展現強勢風格，一方面是因為在客觀條件上，中國的國際政經影響力已經逐漸提升，因此擁有越來越多的外交籌碼，可對外施展強勢作為並且進行全面性的戰略布局；另一方面，在主觀上習近平似乎希望透過強勢外交的表現，替自己加分，藉以鞏固個人在國內的權力地位。然而，近年來中國

5 進兩步、退一步——習近平主政下中國的強勢外交

蔡明彥

的強勢外交政策，業已引起美國及其區域盟友的反制，這將為習近平的外交政策帶來新一波的挑戰。因為過度的強勢外交可能傷害中國整體對外關係，危及外在環境的穩定；但是習近平若從目前的強勢外交退卻下來，又可能引發國內民族主義者的質疑，動搖習近平個人的權力基礎。

二〇一七年年底，中國共產黨即將召開第十九次全國黨代表大會，這將是習近平進一步穩固權力地位和擘畫接班布局的重要時刻。對習近平而言，一個較佳的外交戰略選擇將是維持對外強勢政策，展現捍衛中國核心利益及提升中國國際地位的決心，避免國內出現對其外交政策不滿或是批評聲浪；但在此同時，習近平也必須在外交上進行風險控管，防止中國和美國及國際社會的關係陷入嚴重對立，讓維持中國經濟成長所需的外部穩定環境受到衝擊。因此，對習近平而言，接下來最有可能的做法應該是同時結合強勢作為和風險控管，藉由「進兩步、退一步」的操作，設法在外交上達到「累進式得分」，如此風險最低、也比較符合中國內部的期待。

透過這種「進兩步、退一步」的策略操作，習近平在處理對外關係時可擁有較大的彈性空間，讓他能夠根據國內政治情勢的變化，決定強勢外交何時應採取「高強勢」動作，何時又該回到「低強勢」作為。習近平利用「低強勢」外交，可讓中國的

對外關係不至於失控；運用「高強勢」外交，則可避免遭國內敵對勢力對外交政策過度軟弱的批評。更重要的是，在「高強勢」和「低強勢」外交的交互操作下，習近平可塑造中國外交環境正處於風雲詭譎的多變情勢，唯有他才能捍衛中國的核心利益、提升中國在國際上的大國地位，藉以鞏固共產黨政權，尤其是他個人的統治地位。

在習近平主政下，中國推動的強勢外交，兼具全球性及區域性的政經意涵，在安全、經貿及外交上當然也對台灣帶來相當程度的衝擊。

從安全層面來看，北京對周邊海、空域採取「既成事實」戰略，試圖創造有利於中國的「新現狀」，已對亞太地區及台海安全帶來直接的影響。中國劃設的「東海防空識別區」，運作範圍包含整個東海，而且剛好橫亙日本和台灣之間的空域。在中國對美、日在東海地區的絕對空優進行挑戰的同時，解放軍將能越來越熟悉東海空域的巡邏及攔截任務。一旦台海地區發生緊張情勢，解放軍倘若決定啟動A2／AD戰略，東海地區的海、空域勢必成為中國阻絕美、日介入台海情勢的重點關鍵區域。另外，中國正在南海地區積極擴建人工島礁，未來若演變成進一步的軍事化活動，將提升解放軍在南海地區的軍事投射能力，日後台灣欲對太平島提供後勤補給、軍事支援甚至維持實際控制，可能承受來自中國更大的軍事威脅。

從經濟層面來看，近年來中國除了透過RCEP談判在東亞地區進行「塊狀」的自貿區布局外，也試圖利用「一帶一路」計畫，建立起歐亞大陸上最長的「帶狀」經濟走廊。台灣位處東亞地區，目前尚未正式加入美國主導的TPP談判，在中國推動RCEP談判和「一帶一路」計畫的積極布局下，台灣對區域經貿合作事務的參與有可能更容易遭到北京的孤立。

從外交層面來看，台灣現有的邦交國大多集中在拉丁美洲、非洲及大洋洲等地區。目前中國除了設立「中拉論壇」和「中非論壇」等多邊經貿合作平台外，也開始和太平洋島國發展所謂「相互尊重、共同發展的戰略夥伴關係」，推動各種貸款援助、基礎建設合作以及經貿合作計畫。未來北京若決定對台灣展開外交封鎖的攻勢，台灣在維持現有邦交國的過程中將面臨更大的外交壓力。

習近平的強勢外交作為確實為台灣國際處境帶來諸多挑戰。不可否認的是，台灣面對中國整體國力崛起和強勢外交作為，已經無法獨力地在外交領域和中國進行全面的競爭或對抗。然而，國際政經情勢的整體發展，並非對台灣完全不利。畢竟中國在經貿和軍事上的擴張舉動，已經引發美國及區域國家的關注，並且開始採取反制措施予以因應。尤其目前美、中戰略「競合」關係中的「競爭」比重正持續上升，這樣的權力結構將提供台灣一定程度的戰略生存空間。

台灣在東亞地區雖然不是一個大國，但台灣的戰略價值在於無論選擇偏向美、中哪一方，都可能造成另一方的戰略失分。美國是台灣長期的安全和貿易合作夥伴，中國則是台灣重要的貿易往來對象，卻也是台灣面臨外交打壓和安全威脅的主要來源。台灣在思考外交戰略布局時，可以一方面強化和美國的安全與經貿合作關係，支持美國所建立的區域政經秩序，藉以平衡中國強勢外交所帶來的潛在威脅；另一方面，台灣也需要和亞洲崛起大國——中國維持雙邊交往，避免兩岸關係全面決裂。台灣若能妥善地操作美、中之間的戰略槓桿，並且和國際社會發展出更緊密的合作網絡，包括爭取參加代表亞太地區高標準自由貿易規範的TPP談判，不僅有助於降低台灣在安全、經貿與外交上的脆弱度，也能增加台灣和北京進行交往時的籌碼與自信。

6

軍委集權、政令合一——習近平執政下的中國軍事改革

張國城

習近平上台之後，對於解放軍架構的重組，比起針對黨政體系的變動來得幅度更大，其中包括新設陸軍司令部、五大戰區、大幅調整調動人事，顯現習近平對掌握軍事決策權的急切態度。本文試圖透過解析這些現象，來探討解放軍看似強盛表象背後的運作邏輯及其潛在的問題。

一、中國面臨的客觀安全情勢

（一）美國「重返亞洲」

歐巴馬上台之後，美國逐漸結束在阿富汗和伊拉克的反恐戰爭，將軍力重新調整。二〇〇九年七月二十一日，美國國務卿希拉蕊·柯林頓在曼谷與泰國副總理蘇布哈瓦蘇會晤時提到：「美國已經重返亞洲，並將繼續維持我們對於亞洲盟友的承諾。」[1]自此之後，美國開始強化與亞洲盟邦的安全合作。對於既有的關係予以強化內涵；對於新朋友，則開展各類以前未有的合作。特別是和中國有潛在戰略矛盾的國家，如日本、菲律賓、越南和印度，美國都和他們積極強化安全合作。

自習近平上台後，不管是出於時間上的巧合還是有意為之，美國開始強化在亞洲的既有軍事同盟架構和合作力度，提供亞洲盟邦更多先進武器裝備及情報合作，而這些國家不少是和中國已經有戰略競爭甚至潛在衝突的國家。除了原有盟邦外，美國近年來與印尼、越南、新加坡、馬來西亞等非軍事盟友拓展新興夥伴關係，這些國家在地緣政治上，對中國形成包圍的態勢；若干國家和中國有領土的糾紛。因此美國增加和這些國家的軍事合作，對中國軍事自然形成相當程度的壓力。

「重返亞洲」之後，美國可能部署更多的軍事力量在亞洲。反恐戰爭的結束使得區域外能增援美國在此一地區軍力的美軍部隊也會有所增加。美國可能更加關注中國在這一個區域內的各項軍事舉動。

除了軍事以外，「重返亞洲」主要在於強化美國與固有盟邦間經濟等非軍事面向合作，這些對軍事仍然會產生一定作用，例如海路交通的保護、能源議題。

二〇一四年，因為烏克蘭的克里米亞危機，美國與歐盟對俄羅斯實施制裁，美俄關係走向全面對峙。同時，俄羅斯與中國的關係卻達到官方所說的「史上最好階段」。中俄關係如此密切，以致有分析人士警告，中俄形成的軸心，有可能挑戰甚至瓦解美國領導的世界政治和經濟秩序。是否和美國「重返亞洲」，形成螺旋狀的對抗？成為習近平的一大課題。

（二）日本安保體制修正及擴大武力運用

日本安保體制修正和美國重返亞洲是一體的兩面。二〇〇六年六月九日，小泉內閣會議做成決議，將包括「防衛省設置法」、「自衛隊法修正案」、「安全保障會議設置法修正案」等三項法案之「防衛廳設置法等部分修正案」，送請國會進行審議。[2]二〇〇七年一月九日，日本防衛廳改制為防衛省，新任首相安倍在揭牌典禮致詞時表示，「目前我國正處於『新時代來臨時的黎明時刻』」、「將防衛廳改制升格為省，可以明確地向國際社會表達我國處理國防與國際和平問題之態度，而這將成為（日本）擺脫戰後體制、創造新國家基礎之第一大步。」[3]

二〇一五年，安倍政府更修正通過一系列防衛相關法案，包括一個新立法和十個修正法。新立法是《國際和平支援法案》，根據這一法案，日本可隨時根據需要向海外派兵並向其他國家軍隊提供支援。十個修正法則統一打包並冠名《和平安全法制整備法案》，包括《武力攻擊事態法修正案》、《重要影響事態法案》、《自衛隊法修正案》、《PKO協力法修正案》、《船舶檢查法修正案》、《美軍等行動通暢化法案》、《海上運輸規制法修正案》、《俘虜對待法修正案》、《特定公共設施利用法修正案》和

《國家安全保障會議（NSC）設置法修正案》。

日本這一系列法案修正，主要目的是推動「允許行使集體自衛權」和「擴大自衛隊海外行動自由度」。在稍早的二〇一四年七月，安倍政府通過瞭解禁集體自衛權的內閣決議，即在日本未受攻擊時也能行使武力。為了將這一內閣決議落實到法律層面，安保法案修正案中提出了「存立危機事態」和「重要影響事態」兩個新概念。

所謂「存立危機事態」出現在《武力攻擊事態法修正案》，指「與日本關係密切國受到武力攻擊，日本的生存處於明確危險境地」時，日本也可出動自衛隊行使武力。所謂「重要影響事態」，即「海外發生威脅到日本和平與安全的事態，放任不管的話，或將發展到對日本的武力攻擊」。《重要影響事態法案》突破了現行《周邊事態法》中對自衛隊後方支援行動的地理限制，將使自衛隊向美軍等外軍提供軍事支援的範圍從日本周邊擴大至全球。

然而，日本憲法第九條規定「日本國民衷心謀求基於正義與秩序的國際和平，永遠放棄以國權發動的戰爭、武力威脅或武力行使作為解決國際爭端的手段。為達到前項目的，不保持陸海空軍及其他戰爭力量，不承認國家的交戰權。」因此安保法的修正，本質上是存在「以行使武力作為解決國際爭端」的意涵，因為安保法通過後，自衛隊將可對其他國家軍隊提供支援，而其他國家軍隊需要日本自衛隊支援的場合，極可能是他國軍隊出兵以武力解決國際爭端、衝突甚至戰爭的時候。所以，許多日本憲法學者認為安保法已經違反憲法第九條，應屬無效。雖然也有部分學者支持日本在國際事務上扮演更重要的角色，但認為憲法的尊嚴不可侵害，若要改變自衛隊的任務範圍，就必須修憲，而不能僅以國會立法的方式解決。

日本安保體制修正，可能增加日本對美國所能提供的軍事協助，如此必強化日本在美日同盟中的地位。其次，安倍配合美國重返亞洲政策，有利爭取美日經貿談判及TPP中日本更多的談判籌碼，降低與中國經貿來往下降的不利影響。

未來，東京當局極可能利用強化安保法制的基礎，調整軍事部署，強化自衛隊戰力，以因應中國軍事擴張及朝鮮半島局勢。[4]此外，日本本身實力提升也有助於促使美軍減少駐日基地土地，減少民怨，爭取選票。在日本有許多美軍基地，由於美軍演訓頻繁，數十年來軍機噪音、失事和流彈令當地民眾非常反感，如果日本能夠強化自身防衛實力，在要求美軍基地遷移或縮減範圍上就有更大的籌碼，有利於地方政權的鞏固。

（三）南海局勢的變化

二〇一五年，中國在南海持續進行所占島礁上各項軍事設施的擴建，還有人工擴島的作為，對此美方採取相當強硬的行動，先是以外交談話反對，然後在十月二十七日，美軍「拉森」號導彈驅逐艦在南沙群島渚碧礁與美濟礁附近十二海里水域航行，持續了數小時。美方的計畫還包括派出P－8A偵察機配合巡邏。[5]接著在十一月十三日，兩架美國B－52戰略轟炸機刻意飛到了中國所聲索的南海島礁附近十五海里範圍內。[6]十一月十七日，美國總統歐巴馬參觀了菲律賓海軍旗艦，這是一艘美國贈送給菲律賓的巡邏艦，原本屬於美國海岸防衛隊。歐巴馬表示，美國會繼續與菲律賓一道維護區內海上安全和航行自由。他還宣布，美國會向菲律賓再派遣一艘海岸警衛隊快艇和一艘研究船，加強在有關水域的巡航工作，保障有關區域的安全。白宮早前的聲明也稱，「這艘軍艦具有象徵意義。（總統）這一舉動，就是要凸顯出美國致力於地區海上安全。」[7]

結合了前述美日因素，讓南海的形勢出現以下變化：區域外國家加緊介入此一區域。除了美國以外，日本也趁此機會開始在南海建構防務合作和軍事存在（military presence）；區域外國家的介入又促使區域內國家採取積極作為。如菲律賓二〇一二年在黃岩島、二〇一三年在仁愛礁都積極主張其主權，二〇一四年除了加強軍事之外，在美國的支援之下，也試圖在禮樂灘進行單邊的油氣開發。二〇一三年菲律賓提交南海仲裁案，二〇一四年三月底菲律賓正式提交訴訟狀，仲裁庭進入實際審議階段。這件事可能會推動南海問題的急速升溫。

（四）台灣「趨統」情勢的轉變

二〇一六年，台灣舉行二合一大選，民進黨勝選，對解放軍來說，「台獨」情勢可能將趨於尖銳；因此做好軍事鬥爭的準備，殆為必要之義。

解放軍目前對台最明顯的優勢是飛彈優勢。中國人民解放軍用以瞄準台灣的導彈，至二〇一五年估計已超過千枚以上，不過數字並無太大意義，因為若要發動對台作戰，中方勢必大量增產。飛彈對台威脅主要在於對重要經建設施的破壞和民心士氣的打擊。其特性為快速、連續且可同時在多處造成災害，由於台灣無論軍方抑或民間都缺乏對大規模災害的應變能力，因此飛彈攻擊還是會造成台灣人民的嚴重恐慌和社會機能的局部癱瘓。

當前，台灣在南海領有太平島，但是因為距離遙遠，實際上難以有效防禦。若遭中方以武力威脅，要求台北在政治議題上讓步，將是政治和軍事上極大的難題。

另一個解放軍較國軍占優勢的項目還有水下戰力。水下戰力讓解放軍在台灣周邊可以充分掌握並拘束國軍海軍的活動，有利於中國對台實施局部封鎖。但是美國重返亞洲、日本強化安保體制，對中國對台軍事動向仍能形成極大的制約，對台灣新執政當局也有一定的支撐作用。

二、習近平對解放軍的整頓：反腐和政治教育

面對外在情勢的變化，習近平的作為是先從整頓軍隊組織開始。第一步就是反腐及之後的整肅。

習近平在拔除中共中央軍委副主席徐才厚、郭伯雄及他們的親信後，取而代之的高階將領除年輕化的特色之外，許多出身於與習近平有一定淵源的南京軍區。

除了更迭人事外，習近平又大量成立各種小組：二〇一三年六月二十日成立「全軍基本建設項目和房地產資源普查工作領導小組」，由總後勤部長趙克石負責。二〇

一三年六月二十四日，成立「全軍黨的群眾路線教育實踐活動領導小組」。二〇一三年十月三十一日，成立「中央軍委巡視工作領導小組」，由中紀委宣布；軍委巡視小組旋即視察了北京軍區、濟南軍區、廣州軍區和成都軍區。二〇一四年三月十五日，成立「中央軍委深化國防和軍隊改革領導小組」，由習近平和兩位軍委副主席范長龍、許其亮負責。二〇一四年四月三日，成立「全軍軍事訓練監察領導小組」，以貫徹剛通過不久的《關於提高軍事訓練實戰化水平的意見》。8

觀察中共政治發展的歷史脈絡，反貪肅腐的政治行動從不間斷。檢視習近平上臺後在軍內的反貪肅腐，係以所謂的「強軍」為動機，發起人治式的政治運動路線，在群眾教育、自我批評、政治儀式等方面，與過往毛澤東的路線有若干的相同之處。但事實上，不無肅清前朝遺老來安插新血藉以鞏固效忠，以及藉由反貪肅腐等手段來進行權力鬥爭的意味。

探討習上任以來的反貪肅腐動向，可以歸納出兩個重點：

第一，反貪制度化的可能性低。習近平新設置的反貪總局或在軍委下設反貪機構，到底能有多大的監察權力，恐怕仍視習的授權而定。在一黨專政及以黨治國的體制之下，先天即具有缺乏制衡和密室政治的特性，「黨治」與「法治」兩者如何調和?還是尚未處理恐怕也無法處理的問題。即便成立反貪總局或擴大解放軍紀委職能,但對於實質上的軍內風氣改善,並沒有太多的助益。

第二,藉由反貪戰役肅清老人政治。習近平初上任即展開整肅徐才厚的行動,一方面標誌反腐行動無設禁區,另一方面也藉此進一步鞏固軍權並樹立個人權威。筆者認為,清除中共黨中央長期存在的元老政治和垂簾聽政,可能才是習近平大規模提倡「反腐」與「法治」的核心目的。無論是過去作為江澤民親信的周永康、徐才厚,或是團派的大將令計劃,這三人的落馬,都有助於習近平排除前朝元老對於政治的掣肘。[9]

在反貪之後的軍隊政治思想教育方面,習的另一項政策就是對「軍委主席負責制」的強調。從二〇一四年年底開始,中央軍委副主席范長龍就在古田全軍政治工作會議上指出,「要堅持黨對軍隊的絕對領導,堅持以習主席系列重要講話為科學指南,堅定自覺維護和貫徹軍委主席負責制。」隨後,另一位軍委副主席許其亮在《人民日報》發表學習十八屆四中全會的文章〈深入推進依法治軍從嚴治軍〉,也同樣強調:「軍委主席負責制,是憲法明確規定的我國軍事制度的重要內容,是黨對軍隊絕對領導根本制度的最高實現形式。要圍繞貫徹軍委主席負責制,完善和落實相關制度機制，確保全軍一切行動聽從黨中央、中央軍委和習主席指揮。」[10] 上述發言代表著習對控制軍隊的急切。所以習接下來就是對解放軍架構進行大手術：不能讓中央軍委空有領導之名，卻無指揮之力。

三、體制改革

從二〇一四年起，解放軍就傳出將效仿美軍建立聯合作戰指揮體系，改革內容包括把四總部功能融入到中央軍委聯合司令部中，成立陸軍總部（含二炮）、空軍總部、海軍總部；取消七大軍區，劃分東、北、西、南、中五大戰區；取消集團軍建制，將現有的十八個集團軍和一個空降軍改編成十五個作戰師；取消省軍區。

二〇一六年一月一日，中國宣布中國人民解放軍陸軍領導機構、中國人民解放軍火箭軍（即飛彈部隊，舊稱二炮部隊）、中國人民解放軍戰略支援部隊已經在二〇一五年十二月三十一日正式成立。中共中央總書記、國家主席、中央軍委主席習近平向陸軍、火箭軍、戰略支援部隊授予軍旗並致訓詞。

解放軍本次組織改造的重點在於：陸海空三大傳統軍種之外又新增兩個軍種；

首度設立陸軍司令部；二炮部隊由兵種晉升為軍種，並改名「火箭軍」；新設「戰略支援部隊」負責資訊戰（信息戰）。

至於新任人員則為：成都軍區司令員李作成出任陸軍司令員，劉雷出任陸軍政治委員；原二炮部隊司令員魏鳳和出任火箭軍司令員，王家勝出任火箭軍政治委員；原軍事科學院院長高津出任戰略支援部隊司令員，劉福連出任戰略支援部隊政治委員。

據新華社報導，習近平在十二月三十一日於八一大樓舉行的成立大會上強調：「要堅持以黨在新形勢下的強軍目標為引領，深入貫徹新形勢下軍事戰略方針，全面實施改革強軍戰略，堅定不移走中國特色強軍之路，時刻聽從黨和人民召喚，忠實履行黨和人民賦予的神聖使命，為實現中國夢強軍夢作出新的更大的貢獻。」

解放軍自一九四九年之後設置了空軍、海軍和第二炮兵司令部，但沒有陸軍司令部。雖然如此，陸軍在各軍兵種中仍居主導地位，其建軍及後勤主要由四總部（總參、總政、總後、總裝）實施，四總部首長、七大軍區司令均由陸軍將領出任。習近平在陸軍司令部成立大會上強調，「解放軍陸軍未來要適應信息化時代建設模式和運用方式的深刻變化，探索陸軍發展特點和規律，按照機動作戰、立體攻防的戰略要求，加強頂層設計和領導管理，優化力量結構和部隊編成，加快實現區域防衛型向全域作戰型轉變，努力建設一支強大的現代化新型陸軍。」[11]這裡面的重點應該是「加強頂層設計和領導管理，優化力量結構和部隊編成」，暗示了組織架構調整是重點。

至於解放軍火箭軍原名「中國人民解放軍第二炮兵部隊」（簡稱二炮），成軍於一九六六年，由中央軍委直接領導指揮，是以地對地彈道飛彈為主要裝備、擔負中國核反擊戰略作戰任務的獨立兵種、戰略性兵種。二炮部隊為正大軍區級單位，下設各基地（正軍級單位），司令部位於北京市海淀區清河街道，在改名為火箭軍之後，代表由獨立兵種成為與陸、海、空三軍並列的第四個獨立軍種。

另外，解放軍還成立了「戰略支援部隊」，據習近平在二〇一六年一月一日致訓詞時指出，戰略支援部隊「是維護國家安全的新型作戰力量，是解放軍作戰能力的重要增長點。戰略支援部隊全體官兵要堅持體系融合、軍民融合，努力在關鍵領域實現跨越發展，高標準高起點推進新型作戰力量加速發展、一體發展，努力建設一支強大的現代化戰略支援部隊」。什麼是戰略支援部隊？從中國媒體過去的報導推測，應該包括情報、技術偵察、衛星管理、電子對抗、網路攻防、心理戰等資訊支援性質的兵種。[12]這些單位過去分布在各個總部內，現在整合在一起可以優化資源分配、強化相互支持、提升資訊戰整體效能，例如通過間諜、駭客部隊獲取的情報，需要與技術偵察成果一同分析、相互印證。

（一）強化中央軍委職能

習近平最大的變革之一就是「軍委管總、軍種主建」的格局。中共中央軍委於二〇一六年一月十一日公布了軍委機關部門調整方案，原軍委四總部（總參謀部、總政治部、總後勤部、總裝備部）被改組為十五個軍委直屬職能部門。這十五個職能部門包括：一廳（軍委辦公廳）、六部（軍委聯合參謀部、軍委政治工作部、軍委後勤保障部、軍委裝備發展部、軍委訓練管理部、軍委國防動員部）、三委（軍委紀委、軍委政法委、軍委科技委）、三辦（軍委戰略規畫辦公室、軍委改革和編制辦公室、軍委國際軍事合作辦公室）、一署（軍委審計署）、一局（軍委機關事務管理總局）。

在改革前中共中央軍事組織有總參謀部、總政治部、總後勤部、總裝備部四大總部，其中最重要的是總參和總政，與總後、總裝兩個標準的正大軍區級部門不同，總參、總政連副職都是當然的正大軍區級幹部，換言之，總參、總政本身即擁有事實上的「副國家級」級別[13]（軍隊中的正大軍區級在某種程度上接近地方的正省部級）。總參統領軍事指揮事務，總政主管軍隊政治工作，在軍委內部恰好形成一武一文的架構，尤其是總政同時負責軍隊的紀檢監察、政法等工作，使總政在軍中勢力極大。

總參、總政的權力擴張，是一九九〇年代江澤民對軍委權力結構調整的結果。在十五屆（1998-2002）中共中央軍委中出現了總參謀長（傅全有）、常務副總參謀長（郭伯雄）、總政治部主任（于永波）、總政治部常務副主任（徐才厚）同時擔任軍委委員的情況。[14]時任最高領導人的江澤民通過總參和總政貫徹自身的治軍意志，然而總參和總政等總部機關也藉此進一步強化自身勢力。此後，郭伯雄成為分管總參謀部的軍委副主席，徐才厚成為分管總政治部的軍委副主席，郭、徐二人在軍隊中自此呼風喚雨。

習近平本次對軍事領導體制的改革重點，在於改革軍委「總部」制度，改行「軍委多部門制」，現有的總部機關被拆分，譬如總政就不再管理軍委紀委、軍委政法委，在這種新模式下，軍委紀委、軍委政法委等新設機構將直接對軍委主席負責，軍委主席可以直接通過軍委內部新設的機構全面強化對軍隊的直接領導。此外，以前中央軍委藉助四個總部執行決策，軍委具有決策權，但執行力是放在四總部，這次則直接強化中央軍委的執行力，改革之後，中央軍委的統籌領導能力會得到加強。15

（二）肯定戰略嚇阻力量

二炮正名為火箭軍，是中國國力軍力日益強大的需要，也是共軍自信心倍增的體現。當年中國建立第一支戰略導彈部隊時，實力還非常弱小，據中國媒體指出，當時出於蒙蔽敵人情報機構的考慮，周恩來將導彈部隊定名為「第二炮兵」。數十年過去了，中國國力軍力已今非昔比，中國媒體普遍認為二炮正名為火箭軍是實至名歸。習近平在訓詞中明確指出「增強可信可靠的核威懾和核反擊能力」，正名是共軍自信心倍增的體現，本身就是一種威懾。

二炮正名為火箭軍，也代表了習近平對第二炮兵部隊發展成就的肯定。在中國，彈道飛彈部隊的技術自給程度遠較海空軍高，同時外部也不易推測其確實戰力，向來是重點發展的部門，在政治上更是中國最能和美俄抗衡的軍種。被認為可能和中國有軍事衝突的周邊國家如日本、台灣和越南都沒有同類部隊，更強化了中國戰略導彈部隊的價值。在胡錦濤執政末期，二炮部隊對政治介入較少，因此得到習近平的肯定，這也可能是升格的原因之一。

（三）大陸軍色彩逐漸淡出

出於歷史、技術、國家戰略原因，以前解放軍的軍事模式為「大陸軍主義」。「大陸軍主義」的主要表現是在行政等級上，二炮、海軍、空軍三者的司令部均屬於大軍區級單位，而陸軍七個軍區全部屬於大軍區級單位。也就是說，整個解放軍海軍或空軍，在行政層級上其實僅僅和北京軍區、南京軍區、瀋陽軍區、蘭州軍區、成都軍區、濟南軍區、廣州軍區這樣的大軍區相等，海軍所屬的東海、北海、南海艦隊等級要低於大軍區。

在沒有陸軍司令部的時候，解放軍陸軍各集團軍都由軍區直接指揮，因此軍區司令員權力相當大，這也便利軍區司令員干預地方事務，如文革時期，大軍區司令員藉由軍隊「支左」，實際上等於地方黨政的另一負責人。此外，只有在中越老山輪戰時期，各大軍區司令員原則上不能指揮軍區外部隊，這對培養班底有利，但也容易形成派系。以後中央軍委直接指揮陸軍司令部派出部隊作戰，大軍區或戰區司令員的指揮權將大幅削弱。

前面提及美國重返亞洲與日本強化安保態勢，這些變化即使對中國形成國防壓力，和解放軍陸軍也沒有太大關係。因為在可能的衝突中，動用大批地面部隊的需要很低。因此這時調整陸軍指揮體系，重點還是在於內部政治需要。

四、仍須思考的問題

（一）七大軍區改五大戰區

二〇一六年二月一日，解放軍東、南、西、北、中五大戰區正式成立，習近平向戰區司令授予軍旗，至此七大軍區走入歷史。這五大戰區司令、政委分別為：東部戰區司令員劉粵軍、政治委員鄭衛平；南部戰區司令員王教成、政治委員魏亮；西部戰區司令員趙宗岐、政治委員朱福熙；北部戰區司令員宋普選、政治委員褚益民；中部戰區司令員韓衛國、政治委員殷方龍。

中共官媒又在二月八日發布了這樣的訊息：「……北部戰區陸軍司令員李橋銘、政委徐遠林等分別向十六、二十六、三十九、四十集團軍基層官兵拜年，向他們致以節日問候。公開資料顯示，李橋銘（1961.4）是河南偃師人，一九七六年參軍。他曾任廣州軍區第四十一集團軍軍務處參謀、作訓處副處長、團參謀長、團長，第四十一集團軍作訓處處長等職，後調入第四十二集團軍任職，歷任一二四師參謀長、一二四師師長等職。李橋銘於二〇一〇年重回第四十一集團軍，任參謀長。二〇一一年晉陞為少將，二〇一三年出任第四十一集團軍軍長並工作至今。」[16]

戰區的建立，可能是部分仿照美軍模式，各軍種負責建軍，再將部隊編配到各戰區（美軍是區域司令部），由戰區司令官指揮運用。先前在大軍區制度下，司令員需要負責軍區內的部隊訓練及管理，作為行政管理單位的色彩和職能大於作戰指揮單位；且大軍區的軍級和師級單位都是固定的，一般說來很少調動（如三十八集團軍即固定配屬於北京軍區），未來這種情況可望有所改變。

如果此議成真，解放軍對台灣的戰略威脅程度可能會加大。因為過去的大軍區制度強調大軍區在戰時對區域內軍民資源的管制，一方面沿襲自中共建政以來在各個根據地各自發展的傳統，本質上是「國土防衛」的性質，但另一方面海軍指揮機構則無法整合進內陸大軍區的指揮架構中，使得某些大軍區的指揮員欠缺聯合作戰的指參經驗，對攻台作戰的複雜形勢有所不利。

（二）海空軍變動較小

至於解放軍的海空軍，在這次習近平的整軍中變動較小。解放軍海軍和空軍原本就有各自獨立的司令部，職能和先進國家的同類單位近似，因此解放軍在東海和南海因應想定的能力也不會因為組織的變革而有太多變化。

解放軍海軍目前分為三大艦隊，直屬海軍司令部領導，若與他國發生海上戰爭，則由各大艦隊視需要依命令編成不同規模的艦隊出擊，原本和岸上的大軍區指揮機構就沒有關係。解放軍海軍也有自己的航空支援兵力（海軍航空兵），這是參考蘇聯的制度。

解放軍空軍則分別配屬於各軍區，編為各軍區空軍（如北京軍區空軍，簡稱「北空」），其主要任務是國土防空，這種任務特性和大軍區結合並沒有什麼問題；其次任務是支援地面部隊作戰，但從韓戰之後，解放軍僅在西藏「平叛」作戰中曾出動空軍支援地面作戰，其他如中印戰爭、中越戰爭都沒有出動空軍攻擊敵軍的紀錄。事實上中方對密接空中支援向來較不關注，自從強五攻擊機退役之後，解放軍空軍就沒有特定的專責地面攻擊機，地面部隊的火力支援主要來自於炮兵。

未來若要在東海和日本爭奪釣魚台，或在南沙群島對付越南，解放軍空軍的任務不外奪取制空權及支援對海攻擊。目前中國在這方面的實力可說達到空前，能夠搭載遠程對地對海攻擊武器的戰鬥機超過三百架，不過指管通情監偵仍是主要問題，且多數來自俄羅斯技術的武器未經實戰，很難測知它們在強大電子反制的情況下真實效能如何，更何況美國也可能會從印度和越南取得俄製裝備的技術參數甚至實體。此外，若國防情勢許可，中國必然會自各大軍區抽調精銳部隊應戰，不會只由南京軍區空軍（任務範圍東海）和廣州軍區空軍（任務範圍南海）迎戰，可說原本就是統一調遣的格局，這點在此次改革前便已確立。

至於硬體裝備的強化，習近平和胡錦濤在此沒有不同看法。對於軍工體系和既有已知的軍備研發計畫，目前看來不會有很大改變。

五、小結：外熱內冷？

針對外部複雜的地緣情勢戰略，習近平顯得出奇地冷靜，在這次軍隊改革上看不出有多少是為了因應美日越南等國在外部的可能挑戰，更多的是針對勢力龐大組織蕪雜但沒有臨戰威脅的地面部隊。顯然這次的軍改，政治意義要優先於軍事意義。

中共建政之後，設置七大軍區的主要目的之一是將陸軍的領導分散化，除了中央軍委主席外，幾乎沒有一個人能指揮調動甚至管理全體陸軍，各大軍區也存在彼此制衡、競爭甚至牽制的功能。現在習下令由成都軍區司令員升任陸軍司令員，五大戰區也於二〇一六年二月設立，未來這中間的指揮關係與互動模式值得深究。

一般國家將其國土分為多個軍區和戰區是很平常的，但各軍區指揮官在軍階上還是低於陸軍總司令或同類職位的將領。唯一比較特殊的是美軍，其陸軍最高軍職是陸軍參謀長（四星上將），但美國又將全球分為六個區域性司令部（戰區），其中除了歐洲司令部固定由陸軍四星上將出任之外，其他司令部並不一定由陸軍將領出任，所以會出現海空軍或陸戰隊將領指揮戰區內的遠征陸軍部隊這種情形。但是解放軍陸軍除攻台之外，沒有需要大舉出境作戰的想定。在防衛作戰為主的情況下，解放軍沒有陸軍司令部對實際作戰指揮和部隊戰力發揚的影響有限。以色列三軍就人數上當然和解放軍不能相比，但以軍人數占人口比例遠高於中國，其戰備狀況及實戰經驗、紀錄不是現代的解放軍可以相比，但在一九八三年以前以色列沒有陸軍司令部也不設陸軍總司令，陸軍分為三大軍區，司令和海空軍司令同級，完全無礙於迅速反應和軍種聯合作戰的效能。

因此這次習近平的軍事改革，筆者大膽假設為「強化軍委主席個人權力」，至於戰力提升則不是本次改革的重點。首先，整體上，這次改革將軍委機關整體上梳理為指揮、建設、管理、監督四條鏈路，已比過去四總部的框架複雜得多，而「軍委今後不僅要繼續擁有重大事務決策權，還要擁有執行權」的氣勢，更恐怕在事實上形成新的「軍政軍令合一」。且高級將領至少在初期實權尚不明朗，未來各機關間的分工還需要不斷磨合與檢驗，可能會出現「少做少錯、不做不錯」的氛圍，事事待主席決定，是否會形成新的懈怠和推諉，也有待觀察。在這種情況下，反而可能限制了中國對周邊國際事務的武力解決傾向。

首先，組織調整必然有調適期，也會有各式各樣的新生事務和挑戰需要處理和克服，都可能影響原有的戰訓本務。其次，對外作戰失敗固不論，若獲勝反有可能出現新的軍事強人，除非勝利是完全出於習的選將馭將和運籌帷幄；但是習畢竟沒有真正的作戰經驗，應當不會把中國的對外關係和自己的名望押在這些他未必能充分瞭解其本職學能的將領身上。對習近平來說，目前他已經是最高領袖，對外作戰縱使獲勝他還是最高領袖，失敗則聲譽、權力地位必然受影響。

第三，對徐才厚、郭伯雄的整肅和對解放軍高層組織前所未見的大規模調整，絕不可能是習近平對現有組織架構效能很滿意的表現，更直接證明瞭解放軍內部風氣之不良；而較為人所見的軍隊建設、人事進退都有腐敗的影子，更為黑箱的軍武研發和採購不可能出淤泥而不染，甚至可能是更嚴重的災區。換言之，能不能真的和美日硬碰硬，也必然在習近平燭照之中。

當前，外界對新設戰區的關注仍聚焦於轄區多大、總部設在何地、針對哪個外敵等問題，仍源於傳統地緣戰略思維，忽略了習劃定戰區的主要動機仍是快速打破大軍區體制。如美軍那樣在地理劃分的戰區之外，越來越以戰鬥力和戰略任務布局（如全球打擊司令部和導彈防禦局等），對此中國還有很大差距。更重要的是，從美國的經驗，戰區的調整和設置都是通過對國家安全環境、周邊威脅和國防戰略的全面探討、論證和審議來完成。但中國這次是不是考慮到這方面的情勢作為調整戰區的依據，還有待觀察。如果單從外部情勢的變化來看，東部戰區的重要性最大，面對的外敵也越強，理應有最大的規模；其規模目前看來和北部戰區大致相同，但目前中俄關係良好，外蒙向來不具威脅性，因此來自北方的軍事威脅不大。顯然，目前戰區制度仍有相當程度是在打破大軍區建制之後，避免反彈過大，因此在人事和兵力分配上相當程度遷就原有的大軍區狀況。

實際上，有沒有戰區都不會顯著改變目前解放軍因應外部戰略形勢變化的主客觀實力。因為中國若與美日或台灣發生衝突，首當其衝的仍是三大艦隊、各殲擊機師等海空軍「拳頭」單位，這些單位的戰備整備和它們是否編配於軍區或戰區短期內影響不大，特別是海軍。習近平對四總部的重組和拆分和美國重返亞洲或日本安保體制的改變，看來並沒有什麼關係。

至於未來的發展，十九大將是一個重要的觀察點。因為十九大裡習可以趁勢改組中央軍委，換言之，這是習徹底掌握軍權的里程碑。同時目前中央軍委的成員包含四總部首長，這代表了四總部的地位；十九大之後的軍委將是第一次沒有四總部的軍委，成員組合也可讓外界更加清晰地判斷解放軍新指揮架構的上下關係。而誰能獲拔擢進入軍委或任政治局委員、中央委員，必然和他在這次軍事改革中的表現與效忠程度有密切關係。也因此，我們可以推斷在二〇一七年十九大召開之前，各機關的重組以及重組後的績效必然會是習近平給高級將領們的考題，若習要求所有人在十九大之前「一定要做出成績」，應是合理推論；在十九大的人事變動是否能更上一層樓就是習給他們的「賞格」。另一方面，十九大召開後美國新任總統已經上任一年多，亞太戰略趨於明朗，台灣蔡英文政府第一任期也即將過半，政策路線也已穩定，這些都會對中國軍事發展有一定影響。

對台灣而言，當然最關切的就是習近平的軍事改革是否對武力犯台有所影響。就中國對台動用武力的條件來看，其實可以看出北京數十年來無論台灣政治形勢如何變化，一定要完全保持行動的自主性及伸縮性。而由中國建政之後對外動用武力的經驗，可以看出通常是在政治手段皆無效之後才動用武力。換言之，武力並非「首先」且「無限上綱」的對外政策基調。從目前解放軍在結構上動大手術的狀況看來，顯然並不急於發動戰爭。

相反的，中國八年來擴張軍力的速度和台灣滑向分離主義的速度並不相稱。因此筆者的認知是：如果習近平軍改成功，軍中反腐成效卓著，中國軍力又真的具備了足以在美國可能干預之下仍足以迅速擊敗台灣的能力，台海軍事和平必難確保。台灣的真正危機就將來臨。

7

對內交代、施壓台灣——習近平全球戰略下的對台政策

賴宇恩、黃怡安

中共領導人習近平在十八大主政後，即面對中共作為一個後極權政體的轉型困境。為了強化其統治正當性，習近平一方面高唱「中國夢」的民族主義意識型態，一方面又透過反腐肅貪以進行權力鬥爭。然而習近平大權一把抓、大動作進行肅貪與鎮壓，已經招致來自統治集團與民間社會的反彈，讓他邁向十九大的權力之路上荊棘密布。

如國際關係理論中的轉移注意理論（diversionary theory）所揭示，當政權內部面臨危機或內在矛盾時，其對外政策與作為會趨於極端化，以回應社會內部對於政權正當性的質疑與挑戰。因此，本文探討中共對台政策時，除了從傳統的國際關係理論研究途徑，以掌握中國全球戰略布局、美中戰略競合問題，以及中國與周邊區域等外部因素之外，也考量中共政權的統治正當性基礎。對於中共而言，對台政策不單單是兩岸問題，亦是內部權力鞏固以及權力移轉過程中可運用的手段之一。以此視之，中共十九大前後就是觀察中共高層內部權鬥與平衡與否的重要時間座標，十九大的權力布局對於中共對台政策與作為也具有重要意義。本文寫於台灣總統大選、首次國會政黨輪替之際，將綜合上述中共面臨的內外部結構因素以及近年兩岸政治情勢，分析習近平過去的對台政策、操作模式、與前幾代領導人的差異，並以此為基礎，評估至中共十九大前兩岸關係的發展，也提出作者對於兩種對台政策操作及兩岸政治情境的預測。

一、習的決策模式和江胡有何不同？

（一）江胡被動因應，習主動出擊

二〇一五年十一月七日「馬習會」召開。根據陸委會主委夏立言所稱，這場兩岸六十六年來首次雙方領導人的歷史見面，是在十月十四日他與國台辦主任張志軍遊珠江時談起，直到拍板定案約兩週時間。[1]顯見習近平權力集中，只要他有意願或他首肯，幾乎沒有太大的決策障礙。

又以介入台灣大選為例。江澤民時期僅由朱鎔基總理在二〇〇〇年台灣大選前公開批判「台獨沒有好下場」；到了胡錦濤時期，面對二〇〇四年、二〇〇八年、二〇一二年大選，基本上採取選前「不公開表態、藍綠區別對待、協助國民黨」的一貫做法。等到選後發生了中共不樂見的事情，江、胡才被動因應，如二〇〇〇年發表「聽其言、觀其行」，二〇〇四年發表「五一七聲明」等。[2]

相對於江、胡的被動因應，習明顯具有主動出擊的特質。例如民進黨在二〇一四年九合一大選中大勝，台灣發生第三次政黨輪替的機會濃厚，習近平即在大選前九個月的二〇一五年三月四日，於全國政協會議聯組會上公開強調九二共識是兩岸關係的政治基礎，「基礎不牢、地動山搖」。[3]五月四日的「朱習會」上，習又強調沒有九二共識就沒有和平，也沒有發展。[4]十一月七日的「馬習會」再度確認九二共識的政治基礎，認為九二共識是兩岸關係的「定海神針」，沒有九二共識兩岸就會陷入「驚濤駭浪」。[5]上述三項聲明都是為了選後的兩岸關係做出原則性的定位。

可是當國民黨選情已難逆轉時，習近平又可以在選前做出不介入二〇一六年大選的決定，為台灣可能再次出現政黨輪替預作準備。[6]選前雖仍有配合國民黨針對「馬習會」議題清單加以兌現，包括設立首長熱線、陸客中轉、貨貿協議、互設辦事處等，但仍屬「交代性質」，亦即只對「馬習會」有所交代，並沒有出現類似二〇一二年大選前迫使台灣企業家集體對九二共識表態，或者積極協助動員台商返鄉投票等情事，連民進黨總統當選人蔡英文都能感受到對岸克制的善意。以上所述充分展現習近平「先發制人、主動出擊、預作準備」的決策風格。

（二）習開始建立自己的對台管道

習近平上任後也開始重組整頓對台決策機構。過去長達二十年間由江、胡人馬進駐的國台辦（中台辦）系統，在習主政後，逐步組建成他自己的涉台系統，包括二〇一三年破格拔擢前平潭綜合實驗區主任龔清概擔任國台辦副主任；中共中央辦公室開始直接插手對台事務；習近平辦公室並起用多位非涉台系統的年輕人。[7] 二〇一五年中央紀委巡視組查辦國台辦貪腐問題，盛傳將查辦前國台辦主任陳雲林，為二〇一六年台灣政黨輪替的政治責任祭旗，藉以逐步替換以江、胡人馬為主的國台辦高層，逐漸建立從屬習辦的涉台人士系統。同時也傳言將起用「紅二代」人馬接替張志軍。[8]

二〇一六年台灣大選民進黨總統大勝、立委過半，一月十九日中共中央巡視組卻先查辦「自己人」龔清概，指其涉嫌嚴重違紀進行組織調查，[9] 頗有繼續查辦背後更大隻老虎的企圖心。

根據兩岸涉台專家指出，由於習近平透過各種功能決策小組收攬其他常委權力於一身，目前對台主要決策機構已不在國台辦或台研單位了。即便在黨的決策名義上屬「中共中央對台工作領導小組」，但實際決策都集中在「習辦」，而國台辦與台研單位的報告資料可能有九成以上都到不了「習辦」，因為習與「習辦」幕僚基於全球戰略布局需要，二〇一五年整年即有近三分之一時間在國外。[10]

江、胡時期較為依賴傳統的台辦系統，因此決策動向較容易預測；習核心則相信自己組建的管道，使得原台辦系統的重要性明顯下降。另外，習核心也對現階段國台辦官僚只專注兩岸交流事務感到不滿，認為缺乏應有的政治高度。[11]在這樣的情況下，只有習的人馬全面接掌對台系統、新的涉台機構逐漸建制完成後，習的對台決策運作模式才比較容易掌握與預測。

（三）江胡保守穩健，習較敢「冒險」

現階段習近平對台決策模式，因處於新舊交替或組建盤整之中，以致難以預測。不僅對台事務如此，涉外事務亦然，連美國華府對習近平的決策模式也無法掌握。再加上習辦幕僚，包括栗戰書、王滬寧、丁薛祥等人都被高度紀律化，且多與外界斷絕往來，以致外界對習辦與習決策的感覺是充滿神秘、莫測高深。[12]在這種情況下，連接近核心者都小心翼翼，位居外層的涉台機構更是無法清楚回答習所謂「基礎不牢、地動山搖」的意涵為何。

只能說習與江、胡不同，習是敢於冒險做出強硬決策的人，是用「毛澤東風格」走「鄧小平路線」，具有「主動進取、奮發有為」特質，至於政策細節為何，非核心者往往只能揣摩上意而語焉不詳。[13]雖然如此，習近平掌權短短三年時間，就能在兩個星期內決定召開「馬習會」，開創六十六年來兩岸領導人首次會面，應可顯示習在對台政策較前人更勇於突破。

(四)「單邊主義」政策將陸續出台

習近平主動出擊、先發制人的決策風格，更體現在對台政策的單邊主義作為，包括M503航線、國家安全法、卡式台胞證、福建自貿區、陸客中轉，以及在上海投資就業的台胞及其親屬就醫求學提供「市民待遇」並陸續在江蘇等地逐漸推展等。[14]另外，片面實施服貿與貨貿協議等，都以「單邊主義」模式下優先在大陸實施。

以遲遲無法生效的服貿協議為例，二〇一五年十月三十一日中國發改委、商務部、工信部等十二部門聯合發文批覆，同意設立平潭、福州、昆山等地為兩岸電子商務經濟合作實驗區，[15]進一步支援海峽兩岸電子商務合作發展，並將逐漸擴充至上海、天津、廣東和福建等自貿區，實現兩岸電子商務「區對區」合作。

上述「單邊主義」政策作為，與兩岸已聲稱建立起多層次官方制度性協商，十分不協調，顯示習已有一套對台戰略藍圖，當無法寄望台灣政府時，習「主動出擊、有所作為」的決策風格會更加凸顯。民進黨執政後，若兩岸無法順暢協商，則更多對台「單邊主義」政策勢將陸續出台。

（五）對台政策是全球戰略的重要議題

習近平對台政策與江、胡的不同之處在於，特別是以全球戰略部署的角度而言，習與其幕僚已將台灣問題視為中國全球戰略的重要議題，所以他不會只為兩岸而兩岸，而是把兩岸問題放在全球、區域與周邊相互聯動的情況下。例如台海問題已經與東海、南海爭議相互聯動，因此針對台灣當局的南海政策與東海政策，習也會格外敏感與重視。[16]

二、習如何規畫「從經到政」的對台政策？

（一）從「九二共識」到「一中框架」

習主政後開始操作「九二共識」低門檻與「一中框架」高門檻的模式，界定九二共識是發展兩岸關係的低門檻，是兩岸兩會協商的政治基礎，但涉及兩岸深水區的議題則必須在「一中框架」高門檻的新政治基礎下，北京才能真正「讓利」給台灣。例如歷次博鰲論壇的「蕭習會」、國共高層會面的「吳習會」與「朱習會」等，都可看到北京從低門檻到高門檻的操作企圖與政策底線。[17]二〇一五年五月四日的「朱習會」中，朱立倫期待在九二共識的基礎上台灣能加入國際組織（RCEP、亞投行），[18]但習近平仍強調要在一個中國的原則上，對台灣加入國際組織做出合情合理的安排。雙方出價要價的高低門檻有所差距，難有突破。顯然只有「九二共識」此一低門檻的政治基礎，北京當局是不滿意的。

（二）開闢正式的「政治對話」管道

自二〇一四年二月起，兩岸政府開始推動兩岸事務首長會議「王張會」、「夏張會」。「王張會」與「夏張會」所達成的各項協議理應納入兩岸兩會內簽署，但實際上兩岸事務首長會議與兩岸兩會高層會議所簽署的協議並無相關性，亦即，兩岸事務首長會議所達成的會議成果，未必成為海基會、海協會兩會簽署協議的議題，證諸二〇一四年三次王張會、二〇一五年兩次夏張會所達成的多項共識大都沒有落實，顯見北京配合兩岸事務首長會議的主要企圖是在「政治對話」，再從政治對話逐步導向政治協商。[19]馬習會的舉行更是六十六年來兩岸最高領導人首次的面對面政治對話。

（三）召開「兩岸和平論壇」

習主政以來，曾於二〇一三年十月於上海召開首屆「兩岸和平論壇」，以營造兩岸政治對話的氣氛。據悉此一論壇為中共國台辦所主導，結合兩岸民間智庫共同舉辦，參與論壇代表包括紅藍綠相關人士，人數超過一百，未來計畫將在兩岸各城市輪流舉辦，以符合中共「在和平統一談判的過程中，可以吸收兩岸各黨派、團體有代表性人士參加」的一貫政策思維。

這次由北京牽頭主辦的首屆「兩岸和平論壇」，雖有國民黨部分人士積極參與，[20]但綠營智庫代表拒絕將「九二共識」納為共識意見，否則不惜退出論壇，使得首屆和平論壇在各有堅持、各說各話下收場。[21]二〇一四年、二〇一五年北京都曾嘗試召開第二屆「和平論壇」，但在馬政府不希望被認為在推動兩岸政治對話，以及綠營人士受邀參與也受到黨內質疑的情況下，「兩岸和平論壇」已連續兩年無法順利召開。

三、習及其對台系統如何調整對台政策？

（一）沒有全部接受國民黨的說法

在發生太陽花學運以及九合一選舉國民黨大敗之後，國台辦與涉台系統由於未能精準預測台灣情勢發展並對發生原因交代不清，兩岸學界便盛傳「習辦」逐漸不相信既有台辦與涉台系統了，[22]特別是既有系統過度採納國民黨過於簡化的說法，例如將太陽花學運全部推說是民進黨幕後策動的結果。為了亡羊補牢，「習辦」甚至跳過國台辦系統，直接指揮涉台智庫進行調研，真正體認到兩岸交流並未讓台灣民眾普遍受惠，且出現利益集中在兩岸買辦特權等少數人士，這就是為什麼二〇一六大選前後，北京未隨國民黨說法而輕易表態的原因。

（二）迅速調整對台政策取向

太陽花學運與九合一大選後，北京對台交流合作政策幾乎都圍繞在「三中一青」，[23]例如二〇一四年底以兩岸企業家為主的兩岸紫京山峰會，竟出現以「三中一青」為主的政策倡議。[24]從海峽論壇到紫京山峰會，從「兩岸青年創新創業聯盟」到「海峽兩岸青少年新媒體文創基地」，再到「關於鼓勵和支持台灣青年來閩創業就業的意見」，以及國台辦一舉成立十三個海峽兩岸青年創業基地，[25]還有搭建兩岸中小企業交流合作平台中小企業園區、兩岸電子商務合作試驗區、推動兩岸城市交流，也以產業、文創、旅遊和青年創業等四項為主要的合作項目，皆為拉攏台灣青年人才，協助台灣青年創業就業，全力避免再度發生類似太陽花學運的事件。

四、二〇一六大選如何影響習對台政策

面對二〇一六年台灣大選的結果，習近平是否會因蔡英文不接受「九二共識」或不認同「兩岸同屬一中」的定位，就對台灣展開「地動山搖」式的政策制裁？以下將

歸納大選後的影響因素，進而初步掌握習近平對台政策背後的可能戰略目標。

(一)民進黨總統當選人的發言與政策立場

影響習近平對台政策的最主要因素，就是民進黨總統當選人的兩岸關係發言與政策立場。選後蔡英文接受媒體專訪並密集提出針對兩岸關係的發言，初步獲得對岸的肯定，認為蔡的表述是一種善意的表態。

蔡英文於一月十八日接受壹週刊訪問時表示，選前北京其實非常克制，她瞭解對岸善意，並說「像這樣的體會理解跟善意，就是最好的溝通」，她並表明要將「兩岸協議監督條例列為新國會的第一優先、最優先通過法案」。[26]

接著蔡於二十一日接受自由時報專訪，提出將以一九九二年兩岸兩會會談的歷史事實與「既有政治基礎」，持續推動兩岸關係和平穩定發展。而所謂「既有政治基礎」，包含四個關鍵元素：一、一九九二年兩岸兩會會談的歷史事實以及雙方求同存異的共同認知；二、中華民國現行憲政體制；三、兩岸過去二十多年來協商和交流互動的成果；四、台灣的民主原則以及普遍民意。[27]

北京高度關注這篇專訪並透過官方媒體快評回應：「我們認為，蔡英文這樣的表述，是一種善意的表態，也表明她正在為尋求大陸能夠接受的表述作積極的努力。或者說，她正圍繞大陸堅持的『九二共識』尋求解套或突破。」「可以說，蔡英文的新表述，離九二共識已相當接近，能否最後實現突破，只在蔡英文的一念之間。」[28]北京只透過媒體回應，明顯地仍希望蔡英文能針對核心問題進一步表述，或是兩岸能進行有授權的溝通，針對雙方所關切的問題進一步交換意見。

蔡英文的總統就職演說，顯然也延續自由時報專訪時的基調，以「九二會談」的歷史事實為兩岸未來關係發展的政治基礎。並首度提到將以中華民國憲法及兩岸人民關係條例為基礎來處理兩岸關係。[29]蔡英文的就職演說，如她在五二〇前所預告的，沒有意外，也沒有挑釁。[30]北京方面則一貫地強調，九二共識、一中原則方為延續兩岸官方互動與兩會協商的政治基礎。[31]對於蔡英文的就職演說，北京雖不滿意，認為這是蔡英文「未完成的答卷」，[32]未明確回答九二共識，更迴避其核心意涵。但對蔡英文提及的憲法中隱含的「一中」意涵則表達肯定，[33]並將持續對民進黨政府「察言觀行」，且觀行重於聽言。然而，民進黨與北京長期缺乏互信，如何進一步展開溝通以及後續溝通成效如何，對於習近平的對台政策無疑有直接的影響。

（二）中國內部對台灣選情的反應

台灣大選結果目前仍在中國慢慢發酵中，網民反應、強硬派與軍方的立場與主張尚未出現難以控制的情形，至於是否會有內部政敵操作台灣議題向習近平發起責難仍有待觀察。

回顧江澤民時期，民進黨於二〇〇〇年意外執政，這固然是江澤民的挫敗，但當時江已在位十一年，權力穩固，沒有政治勢力藉機挑戰江澤民。到了胡錦濤時期，國民黨於二〇〇八年重新執政、二〇一二年又再度連任，顯示胡錦濤的對台運作順暢。習近平上任不到三年，民進黨就全面執政，即便原因是國民黨政績不佳，但習仍難避免因對台政策失敗而被究責。在這種情況下，反習勢力是否會藉此作為反撲的突破口來要脅習，或主張習應對台採取強硬措施，勢將考驗習政權的穩固程度。

（三）美國因素與區域形勢

在全球戰略部署上，習近平已完全走出鄧小平時期所定下來的「韜光養晦」原則轉而「積極作為」，面對台灣事務，勢必也會以全球戰略部署的眼光來思考與處理。

例如，北京在南海島礁持續填海擴島並建立軍事設施，引起周邊國家及美國的嚴重不滿，菲律賓並已向國際法庭控告中國，提出南海島嶼主權聲索。中國對南海的主權聲索係依據中華民國政府一九四七年畫分的地圖，海牙國際法庭預計將於二〇一六年上半年針對中菲南海島嶼主權仲裁案進行宣判。台灣外交部則於二〇一五年十月三十一日表示，由於仲裁法庭並未徵求中華民國意見，因此中華民國政府對相關判斷既不承認，也不接受。[34]馬英九總統更於卸任前親率官員及學者前往南沙太平島視察，發表「南海和平倡議」路徑圖，說明推動太平島的和平用途以及澄清太平島的法律地位，此舉引發美國高度失望、越南抗議，與北京歡迎。[35]由於南海形勢牽涉多方角力，台灣新當選總統蔡英文的政策與立場理當備受國際與北京高度關注。

(四)台灣政治板塊移動的後續效應

除了因應民進黨全面執政的現實之外，北京仍會密切注意國民黨選後的動向，特別是未來的兩岸路線與政策是否將因大選失敗而改變。

據悉「中共中央對台工作領導小組」曾於大選前兩三天開會，檢討「二〇〇五年以來對台灣工作方針與路線」，會議中確認路線方針是成功的也具有成效，並沒有失敗的問題。至於國民黨一連串的選舉挫敗，主要是「內政問題」所致，與大陸對台政策與方針無關。[36]選後於二〇一六年二月初召開的「中共對台工作會議」，也再度確認年度工作的成效。中央政治局常委俞正聲指出，「過去一年，以習近平同志為總書記的黨中央，準確分析和把握台海形勢，主動引領兩岸關係發展，兩岸領導人實現六十六年來的首次會面，翻開了兩岸關係歷史性一頁，具有重要的歷史意義和廣泛深遠的國際影響。各地各部門認真貫徹落實中央對台工作方針和決策部署，迎難而上積極作為，推動對台工作取得新進展。中央給予充分肯定。」[37]

可以預料的是，只要國民黨堅持「九二共識、反對台獨」的兩岸政策主軸，北京勢必優先支持國民黨，藉此凸顯對台政策的一貫性與正確性，並持續保持對台統戰的成果。因此「國共論壇」可望繼續推動，以維持國民黨取得在兩岸互動的優勢。

（五）兩岸經濟合作利益的考量

根據最新一次的「中共對台工作會議」，二〇一六年大選後兩岸民間的經濟合作交流將不受影響，至於現行的兩岸官方協商機制若暫時中斷，則ECFA後續協商勢必受到影響，也會直接影響貨貿、服貿，使兩岸經濟深化合作受到一定程度的衝擊。如此一來，台灣固然受害，大陸亦有損失，例如經營多年的「海峽西岸經濟區」、「福建自貿區」等單邊對台經濟對接的規畫與投資。[38]習必須考慮維護兩岸經濟合作的利益與成果，他若對台灣採取經濟制裁，反將激起台灣人民對中國更加反感，反不利北京「寄希望於台灣人民」的一貫戰略。另一方面，台灣政府若採取防衛反制措施，對目前處在低迷狀態的中國經濟無疑更雪上加霜，導致兩敗俱傷，因此不到最後關頭，習對台動用經濟制裁的可能性似乎不大。

五、二〇一六大選後習對台政策的戰略目標

由於北京當局向來將台灣選舉成敗與對台工作成效相互掛勾，因此當面對空前的對台政策大挫敗，習近平該如何穩定兩岸關係可能發生的變局，同時又使其權力基礎不致折損？首先，習必須對中國內部進行交代，不致使台灣議題危及他對內的統治正當性，特別是顧及到十九大的權力布局，對台政策勢將成為爭取內部政治支持的手段之一。第二，習必須維持兩岸關係和平發展的「現狀」，「穩住」台灣新政府勿使過度倒向美、日等國際競爭對手，不利中國在亞太與周邊地區的戰略布局。

第三，習必須持續拉攏支持敗選的國民黨，徐圖未來再起。

為了達成上述三個目標，習將傾全力與蔡英文政府進行溝通磨合，讓雙方在「既有政治基礎的實質內涵」中，逐漸找到雙方可以勉強接受的政治認知，至於是否推動所謂「地動山搖」的制裁政策，就算必須「交代」，也會是相當克制與有限度的。幾乎大部分兩岸學者都設定五二〇蔡英文總統就職日是兩岸關係的重要分水嶺。[39]自選後到五二〇，兩岸關係經歷相互「克制、溝通、磨合」三階段，蔡英文總統的就職演說很可能就是兩岸階段性磨合的結果。

以習近平的決策風格來推論，為了爭取對內交代、鞏固權力基礎的考量，習必須採取某種程度的強硬立場；但基於爭取台灣不要過度向美日傾斜，以免不利中國全球戰略布局，則對台灣仍須保留政策彈性。因此有關「地動山搖」的政策措施，若基於對中國內部強硬派與國民黨有所交代，「不搖」是不可能；但若要延續「寄希望於台灣人民」的統戰路線，就必須使台灣民眾的權益不至於受到損害，所以至多也只能是「小搖」。

然而，兩岸的最後磨合對雙方領導人仍有兩項考驗：首先，兩岸政府的議題時間表可能有所差異。當習近平與蔡英文的議題時間表相互衝突時，小國的議程應配合大國，還是大國應配合小國，以免造成政策無法逆轉的遺憾，未來要如何凝聚共同認知，需要兩岸雙方共同努力。[40]再者，習是一位敢冒風險（risk-taking）做出重大改變的決策者，蔡則以穩健見長、傾向漸進模式（incrementalism）的決策者，兩者的決策風格如此不同，考驗兩岸領導人的智慧。[41]

六、二〇一六年習對台政策動向之預測評估

回顧二〇一六年台灣大選前，國共兩黨再度聯手合作打「兩岸牌」與「恐嚇牌」長達十個月之久，企圖左右經濟選民影響大選結果。自二〇一五年三月起對岸即透過全國政協會議，由習近平提出「九二共識」做為兩岸關係政治基礎，進行所謂「基礎不牢，地動山搖」的對台恫嚇。十一月七日「馬習會」兩岸領導人見面再度重申確認「九二共識」為兩岸政治基礎，國台辦主任張志軍並將「九二共識」比喻為穩定兩岸關係「定海神針」，沒有「定海神針」兩岸就會出現「驚濤駭浪」。

選後，北京一旦「解讀」兩岸政治基礎已不存在或不完整，便會準備進行「地動山搖」的威脅恫嚇。那麼，到底會體現何種政策項目與操作手法？而這些對台制裁

政策項目所實施的強度與時間長短究竟為何？本文針對五二〇後北京可能對台採取「地動山搖」的措施，進行情境推論分析如下。

（一）「地動山搖」的政策選擇

綜合過去國共雙方在台灣大選前的政策要脅與兩岸恐嚇牌，所謂「地動山搖」若化為政策操作，可能項目如下：

- 暫時中止兩岸官方的制度化協商，包括兩岸事務首長會晤、兩岸兩會高層會議、ECFA經濟合作委員會、兩岸協議的官方聯繫機制，甚至連局部性金廈聯合救難演習都將停擺。
- 二十三項兩岸協議執行與落實困難。除服貿協議尚未生效之外，其餘兩岸協議的落實與執行，係透過雙方公權力相關業務的聯繫窗口與工作小組，若官員互動中止，則兩岸協議的執行可能發生困難。
- 減少陸客、陸生、陸資來台，其中減少陸客對台灣衝擊較大（每年陸客訪台約四百萬人次、產值約估一千五百億新台幣）。
- 兩岸外交烽火恐再現，全面撼動台灣邦交國關係，掀起對台斷交潮，阻止並封殺台灣參與國際組織。

（二）「地動山搖」的情境評估

• 兩岸官方的制度化協商暫時中斷

根據大多數涉台官員與涉台學者的說法，包括兩岸事務首長會晤、兩岸兩會高層會議都勢必中斷，甚至兩岸經濟合作協議框架ECFA下「經濟合作委員會」（經合會）所進行的官員互動，恐將在五二〇後全部停擺。中國社科院台研所所長周志懷二〇一五年十月十二日在重慶兩岸智庫學術研討會發出訊號，「兩岸政策正由機遇管理轉向危機管理……，如果維繫兩岸關係和平發展的政治基礎坍塌，雙方誤判增加，對立升級，未來不能完全排除失控風險。」[42]所謂「政治基礎坍塌」，即北京所強調：沒有「九二共識」的政治基礎就無法進行兩岸制度性官方協商，沒有制度性官方協商，兩岸自然會有更多的誤判、對立與風險。

那麼有沒有替代的方案？對岸官員在選前沒有任何後續說法，如此才有威懾效果。但若干涉台學者私下認為，恢復陳水扁執政時期「民間協助、政府主導」的公協會模式（澳門模式）最具可行性，可望取代現行官方制度化協商，成為未來兩岸互動的替代方案。[43]

此外，二〇〇八年開始，兩岸所簽署的觀光、空運、海運等協議聯繫機制，仍延續過去陳水扁執政時期的公協會協商模式。這些兩岸公協會被稱為「小兩會」，包括兩岸「觀光小兩會」：「台灣海峽兩岸觀光旅遊協會」（台旅會）與「大中海峽兩岸旅遊交流協會」（海旅會）；「海運小兩會」：「台灣海峽兩岸航運協會」（台航會）與「大中海峽航運交流協會」（海航會）；「空運小兩會」：「台北市航空運輸商業同業公會」（台航空會）與「中國航空運輸協會海峽兩岸航空運輸交流委員會」（海航空會）。以及與香港官方互動所設的「台港小兩會」：台灣的「台港經濟文化合作策進會」（策進會）、香港的「港台經濟文化合作協進會」（協進會）等。這些「小兩會」的機制，能否在兩岸官方制度化協商機制中斷後，取代部分官方制度化功能，值得觀察。

在民進黨新政府不接受「九二共識」作為兩岸協商互動的政治基礎，以及民進黨沒有提出其他令北京可接受的兩岸定位說法之下，「地動山搖」勢不可免，問題只在於是「小搖」還是「大搖」，以及會搖多久？表一針對兩岸制度性協商的衝擊影響，按「小搖情境」與「大搖情境」定義如下：

小搖情境：北京當局對民進黨新總統就職演說的兩岸定位雖不滿意，但覺得比以前有「進步」，在五二〇後採取「小搖」，以便對內（中國內部）交代、對國民黨交代。

大搖情境：北京當局對民進黨新政府的兩岸定位與兩岸政策感到失望，決定不計代價與後果，全面中止兩岸所有官方協商互動。

• 兩岸二十三項協議執行落實困難

截至第十一次兩岸兩會高層會議共簽署涉及公權力事項達二十三項協議，除「服貿協議」之外，餘大致已送立法院備查生效。五二〇後若中斷官方制度性協商，勢必衝擊兩岸協議的執行效率。「大搖」是進一步中斷

表一——兩岸制度性官方協商中斷情境設定

小搖： 高層官方協商中斷	1. 兩岸事務首長會晤中斷 （陸委會主委VS國台辦主任） 2. 兩岸兩會高層會議中斷 （海基會董事長VS海協會會長）
大搖： 官方全面中斷	1. 兩岸事務首長會晤中斷 （陸委會主委VS國台辦主任） 2. 兩岸兩會高層會議中斷 （海基會董事長VS海協會會長） 3. 兩岸經濟合作架構協議下的經合會中斷 4. 兩岸協議的官員「聯繫機制」與「工作機制」中斷

作者自行製表

兩岸協議的窗口聯絡人的例行聯絡，或中止運作協議工作組官員的例行互動；「小搖」則是雖然無法進行高層會商，但履行協議的相關官員包括窗口聯絡人、工作組互動仍保持合作態度。

此外，二十三項兩岸協議目前執行成效不一，如兩岸共同打擊犯罪與司法互助、兩岸旅遊、空運、海運等協議執行績效顯著，但兩岸食安、衛生防疫與台商權益保障協議等相關協議則進展不多。其中ECFA所設立兩岸「經合會」官員制度化協商是否將受到衝擊最為人矚目。依ECFA規定，「經合會」每半年召開一次，下設各項工作組。直至目前，「經合會」召開過七次例行會議，成立七個工作組，其中參與工作組的兩岸官員層級與級別最高。（表二：樣態一）至於其他協議的聯繫機制與工作機制，有的也掛靠在ECFA的「經合會」中一併處理，例如「海峽兩岸投資保障和促進協議」，（表二：樣態二）因此「經合會」是否被中斷，就成為兩岸協議是否將受到衝擊的重要指標。

再則，兩岸協議中都明訂有「聯繫機制」與「工作機制」，「聯繫機制」由雙方相關業務主管部門指定的聯絡人相互聯繫實施，「工作機制」則分別下設工作組，負責商定具體工作規畫與方案。若北京採取「地動山搖」報復措施，這些「聯繫機制」與

表二——現階段兩岸協議的聯繫機制與工作機制

協議內容	協議樣態意涵
(海峽兩岸經濟合作架構協議) 第十一條 機構安排 雙方成立「兩岸經濟合作委員會」(以下簡稱「委員會」)。委員會由雙方指定的代表組成,負責處理與本協議相關的事宜 委員會可根據需要設立工作小組,處理特定領域中與本協議相關的事宜,並接受委員會監督。 委員會每半年召開一次例會,必要時經雙方同意可召開臨時會議。 與本協議相關的業務事宜由雙方業務主管部門指定的聯絡人負責聯絡。	樣態一: 兩岸協議中參與官員層級最高,且明訂每半年召開一次例會,為目前兩岸協議中最受矚目。
(海峽兩岸投資保障和促進協議) 第十五條 聯繫機制 一、雙方同意由兩岸經濟合作委員會投資工作小組負責處理本協議相關事宜,由雙方業務主管部門各自指定的聯絡人負責聯絡。 二、投資工作小組設立下列工作機制,處理與本協議相關的特定事項: (一)投資爭端協處機制:協助處理投資人與投資所在地一方的投資爭端,並相互通報處理情況; (二)投資諮詢機制:交換投資訊息、開展投資促進、推動投資便利化、提供糾紛處理及與本協議相關事項的諮詢; (三)經雙方同意的其他與本協議相關的工作機制。	樣態二: 若兩岸「經合會」中斷召開,聯繫機制無以為繼,將受到波及的協議。

（海峽兩岸醫藥衛生合作協議） 三、聯繫主體 本協議議定事項，由雙方相關業務主管部門指定的聯絡人相互聯繫實施。必要時，經雙方同意得指定其他單位進行聯繫。 本協議其他相關事宜，由財團法人海峽交流基金會與海峽兩岸關係協會聯繫。 四、工作規畫 雙方同意分別設置下列工作組，負責商定具體工作規畫、方案。	樣態三： 一般兩岸協議都有規範「聯繫主體」與「工作機制」，若中止官方制度性協商與官員互動，協議中的聯繫主體與工作機制將停止運用。
（海峽兩岸空運協議） 九、聯繫主體 （一）本協議議定事項，由台北市航空運輸商業同業公會與海峽兩岸航空運輸交流委員會相互聯繫。必要時，經雙方同意得指定其他單位進行聯繫。 （二）本協議其他相關事宜，由財團法人海峽交流基金會與海峽兩岸關係協會聯繫。	樣態四： 受到早期透過「公協會」協商模式影響，包括空運、海運、觀光等兩岸協議，其聯繫主體都是以公協會為主體。若中止官方制度性協商，公協會模式可能是最後停損點。

作者自行製表

「工作機制」勢將受到波及。（表二：樣態三）此外，較早簽署的兩岸協議，還有以「公協會」為聯繫主體，如表二所列「海峽兩岸空運協議」。若「地動山搖」擴及「聯繫機制」與「工作機制」，則「公協會」模式將成為最後停損點。（表二：樣態四）最後，各協議的聯繫機制除各業務主管部門之外，都明列相關事宜仍可由海基會與海協會代為聯繫，也就是，即使官員直接互動出現困難，協議運作仍保有轉圜空間。

• 陸客減少對觀光業的衝擊

最能感受到兩岸關係發生變化的，就是因陸客減少而生意變差的台灣部分商家。北京在選前即已透過境外旅遊人流控管機制，控制大陸組團社逐漸減少陸客來台數量，根據二〇一五年十月底訪談大陸領隊透露，已接獲國旅局與台辦指示先減少十五％，以免陸客受各地選舉干擾。[44]選後不久中國各省市流傳陸客團體遊減少來台通知，甚至自由行人數也緊縮，四十七個開放城市亦將減少到僅限北京、上海、廣州、廈門四個城市。至五二〇新政府上台後，陸客總數與去年同期相比確實減少一成左右，其中團客更減少了三成以上。[45]

馬英九執政八年來，陸客來台人數由二〇〇八年的三十二・九萬人次跳增至二〇一四年的三百九十八．七萬次，二〇一五年四百一十八萬人次，成長超過十倍。以二〇一五年陸客四百一十萬人次計，占所有境外來台旅遊總人數的四成左右，若依來台動機與方式，大略可分團體遊約一百九十二萬人次，自由行約一百三十三萬人次，其他專業交流、社會交流與商務人士約占九十二萬人次（如表三、圖一）。北京當局操作陸客來台以團客為主，團客減少對台灣旅遊業勢必帶來一定程度的衝擊。據觀光局估計，現階段陸客來台一年觀光產值可貢獻約一千五百億元，其產值計算方式為：二百四

表三——陸客（來台觀光）人數統計表　　單位：人次

	團體旅遊	個人旅遊	總計
2008年	54,249	-	54,249
2009年	592,534	-	592,534
2010年	1,174,955	-	1,174,955
2011年	1,234,395	30,281	1,264,676
2012年	1,772,492	191,148	1,963,640
2013年	1,688,396	522,443	2,210,839
2014年	2,073,020	1,186,497	3,259,517
總計	8,590,041	1,930,369	10,520,410

資料來源：內政部移民署開放大陸地區人民來台觀光統計表
網址 https://www.immigration.gov.tw/ct.asp?xItem=1291286&ctNode=29699&mp=1

十一．九八美金（陸客平均美日消費金額，如表四）×五天（陸客留台天數）×四百萬人次×三二．二元（目前匯率）＝約新台幣一千五百五十八億元。

一般估計，陸客來台數量對部分台灣依賴陸客的觀光旅遊服務業者影響頗大，雖然相關業界逐漸組成「一條龍」經營模式，企圖壟斷大部分商機，然而陸客占全部境外旅客比例達四成以上，一旦中國政府基於政治因素緊縮陸客來台數量，對部分台灣業者與從業人員仍會造成生計上的衝擊。以時間軸來看，選前就已經減少陸客團體遊人數來台，選後是否逐漸

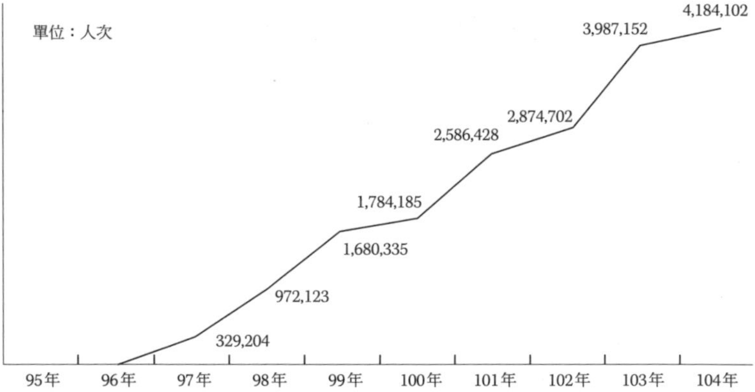

圖一——馬政府執政八年陸客成長圖

資料來源：交通部觀光局行政資訊系統

網址：http://admin.taiwan.net.tw/public/public.aspx?no=315

恢復到常態，北京有其政治考量。畢竟陸客出境旅遊是中國政府特有的「觀光外交」利器，因此納入「地動山搖」的政策選項可能性相當高。但截至目前為止，陸客來台人數雖持續限縮，卻未完全禁止陸客來台。

• 陸生減少影響有限

台灣引進陸生至今已逾五年了，累計二〇一五年底在台有學籍學位生的陸生人數總計為七千八百一十三人，但來台短期交流的陸生研修生一年就已超過二萬人次，而且還持續增加中。因此從兩岸交流層面思考陸生來台問題，不能僅以「學位生」為對

表四——陸客消費金額統計表　單位：美金

消費額／年度	2008	2009	2010	2011	2012	2013	2014
受訪陸客每人每日平均消費	231.10	234.26	245.34	270.31	265.26	259.64	241.98
受訪全體旅客平均每人每日消費	211.46	216.30	221.84	257.82	234.31	224.07	221.76
中國觀光團體旅客之平均每人每日消費	295.00	234.11	246.23	266.35	267.32	264.43	265.34
全體觀光團體旅客之平均每日消費	269.34	250.06	255.11	302.10	285.33	270.58	265.98

消費包含：旅館內支出、旅館外餐飲費、在台境內交通費、雜費、購物費
資料來源：交通部觀光局「中華民國一〇三年來臺旅客消費及動向調查」
網址：http://admin.taiwan.net.tw/statistics/market.aspx?no=133

象，還要將更多短期交流生的「研修生」、「交換生」等納入，才能完整評估陸生人數減少來台的衝擊。以研修生人數而言，光二〇一四年一年就達二萬七千零三十人，二〇一五年更達到三萬四千一百一十四人，成為台灣部分私立大學重要的財源。（參見表五）

鑑於台灣高等教育面臨少子化危機（預計二〇一六年將面臨少子化第一波來襲，全年比上年短少二．七萬大學生源），而生源豐沛的中國高教市場便成為部分台灣高校所殷切爭取。五年來國內各大學院校尤其是中南部私校，都寄望開拓中國的生源市場，台灣的大學校院負責人前往中國大陸進行招生多如過江之鯽。在受到中國教育部門與台辦系統的接待與言論影響下，為求陸生生源挹注，這些私校往往與對岸政策相互唱和，不斷要求教育部鬆綁「三限六不」、支持「陸生納保」，以及採取更大幅度的對中國學歷開放措施，目前已承認二百二十一工程一百一十二所大學，形成台灣政府決策的壓力。

若陸生減少來台，將直接衝擊過度依賴陸生且經營體質不佳的私校，這些私校有可能聯合起來醞釀抗爭。但整體而言，陸生來台減少對台灣教育產業的衝擊有限，主要原因係學位陸生來台尚屬不多，且學位生較不受政治因素影響而馬上出現銳減現象。

• 依法來台陸資影響不大

目前依法來台投資的陸資，據經濟部投審會統計，累計至二〇一六年四月底約在十四．八億美元左右，資金到位約七成，金額不算太多。依照投資分業，前六項投資金額占比百分之五十以上，分別是銀行業（13.6%）、批發及零售業（10.7%）、電子零組件製造業（10.3%）、港埠業（9.4%）、住宿服務業（6%）、金屬製品製造業（4.9%）。[46]依照陸資投資省市別而言，以福建省比例最高，件數與金額都居首位，（如表六）且領先其他省市甚多，而實際上跟台灣經貿最緊密的「長三角」、「珠三角」相關省市卻名列其後，陸資來台分布與實際兩岸經貿經驗似有不符。比較合

表五——就學模式之分類包括修習學位與短期交流

年度	學位陸生總人數	研修生人數
2011年(100學年度)	928	11,227
2012年(101學年度)	1,864	15,590
2013年(102學年度)	3,554	21,233
2014年(103學年度)	5,881	27,030
2015年(104學年度)	7,813	34,114

資料來源：教育部統計處、陸生聯招會、移民署　作者整理

表六——
陸資法人投資人來源地區統計表
單位：美金千元

資料來源：
中華民國經濟部
投資審查會

來源地區	件數	金額
第三地陸資	189	621,387
福建	33	182,111
北京	18	158,664
上海	18	58,363
浙江	14	47,695
江蘇	26	36,876
廣東	25	17,447
吉林	1	12,555
江西	1	6,332
遼寧	4	5,286
雲南	1	4,000
河南	2	3,468
山東	7	2,842
天津	1	1,906
武漢	2	1,803
湖北	1	982
河北	1	316
廣州	1	271
四川	2	248
湖南	1	220
山西	1	210
海南	1	61
小計	349	1,162,982

備註：來源地區係依法人註冊地分

理的解釋是，現階段北京核准同意來台投資申請案件，是以配合「海西區」、「平潭島」、「福建自貿區」企業廠商為主，是優先強化中國福建省與台灣進行次區域合作的戰略考量與政策運作結果。[47]

• 習強勢外交對台的挑戰

台灣主要的邦交國集中在拉丁美洲、非洲及大洋洲等地區。目前中國除了設立「中拉論壇」和「中非論壇」等多邊經貿合作平台外，也開始和太平洋島國發展所謂「相互尊重、共同發展的戰略夥伴關係」，推動各種貸款援助、基礎建設合作以及經貿合作計畫。未來北京若決定對台灣展開外交封鎖的攻勢，台灣現有的二十二個邦交國可能在中國的經濟利誘下，遭到北京逐一拉攏，屆時台灣的對外關係將遭逢前所未有的挑戰。

此外，台灣位處東亞地區，目前尚未正式加入美國主導的ＴＰＰ談判，而且被排除在ＲＣＥＰ的「東協加Ｎ」機制之外。中國則透過「一帶一路」計畫和各種跨國經貿合作倡議，尋求聯通和東南亞、南亞、中東、北非與歐洲之間的海上基礎建設與港口網絡。未來相關海洋經貿和運輸網絡成型後，台灣的外交和經貿關係更容易遭到北京方面的打壓和孤立。

習近平的強勢作為雖為台灣外交處境帶來諸多挑戰，但從另一個角度來看，台灣仍有一些籌碼可用來因應中國的外交攻勢。坦言之，台灣面對中國整體國力崛起和強勢外交作為，已經無法獨力在外交領域和中國進行全面的競爭或對抗。然而，中國在經貿和軍事上的擴張舉措，已經引發美國及區域國家的關注甚至反制。尤其目前美中戰略「競合」關係中的「競爭」比重正在持續上升，這樣的權力結構將提供台灣一定程度的戰略生存空間。台灣在東亞地區雖然不是一個大國，但台灣的戰略價值在於無論選擇偏向美、中哪一方，都會造成另一方的戰略失分。此外，其他亞太區域強權如日本、印度、澳洲，甚至東協國家都因中國的強勢外交而深感不安，這些國家為強化對北京制衡作用，也會尋求與台灣新政府的策略合作，以增加對中國戰略制衡的籌碼。

七、結論

（一）兩岸關係「小搖」的可能性較高

面對台灣二〇一六年民進黨全面執政，習近平將如何轉化對台政策的空前挫敗，並與民進黨政府互動？這將是兩岸關係的核心所在。

習近平對台政策的戰略目標，仍將維持一貫的路線與立場，必須對民進黨新政府施予一定壓力；可是另一方面，又必須牽制台灣新政府過度倒向主要國際競爭對手美、日等國，以避免台海問題危害其全球戰略布局。

關於「九二共識」爭議，兩岸勢將透過管道持續溝通磨合，最可能的路徑便是「鬥而不破」。雙方在克制與和解的善意中尋找可以「各自表述、各自解讀」的空間，共同尋找兩岸政府互動協商的替代方案，以維持兩岸關係的和平穩定。

至於「地動山搖」與「驚濤駭浪」不是不會發生，而是當兩岸與國際各方都不希望發生，就算習近平因需要對內交代而無法「不搖」，那也是象徵性的，或是擺盪程度可以忍受的「小搖」情境。除非出現重大意外，否則兩岸關係要出現「大搖」的機率，實屬不高。

（二）習不容兩岸關係成為十九大的隱患

二〇一六年的台灣大選結果，無疑可視為中共二十年來對台政策的最大挫敗，基於十九大權力布局需要，習近平絕不容許出現一個無法收拾的兩岸關係。他會傾向建構一個可以穩定運作的兩岸關係發展平台，而這個發展平台將由四個政策支柱所構成：一、持續與國民黨進行「國共交流」，透過國民黨領導人對北京對台政策的背書與認可，作為具有說服力的「對內交代」。二、透過界定中華民國憲政體制為「一中憲法」，進可壓制民進黨政府接受兩岸同屬一中或「一中框架」，[48]退可解讀宣傳民進黨已放棄「法理台獨」，證明北京對台政策的正確性。三、透過北京所主導的單邊主義，推動「可收可放」的對台優惠政策，全面擴大對台灣民間交流並爭取台灣青年人認同。四、重新打造高素質的對台工作幹部勢在必行，因此接下來從中央高層到地方基層的人事異動將十分頻繁，並順勢安插習自己的人馬以全面主導對台政策。

從國際及內部政治局勢判斷，解放軍武力犯台的可能性很低。習近平雖已大權獨攬，但對於解放軍的掌控要達到全面指揮、執行精細的程度，尚須等到十九大以後，否則冒險對台動武對習而言將得不償失。因此十九大前，北京仍將持續從外交、經濟等各項政策持續對台灣新政府進行施壓，迫使台灣新政府不得不接受「一中框架」。十九大後或許會出現轉向，但由於牽涉到中國整體的經濟發展及政治風險，除非是台灣進行挑釁，現階段北京對台軍事冒險的可能性不高。

（三）兩岸關係的展望：磨合、冷和、啟動

展望二〇一六年兩岸關係，將歷經「磨合期」、「冷和期」、「啟動期」三階段變化。在政權交接期間至國慶前，蔡英文總統與北京之間，將透過彼此克制與釋放溝通善意，以尋求最大可能的共同認知，維繫兩岸和平穩定，試圖建構可能的新型兩岸關係。目前為止，北京對蔡英文的表現看來是不滿意，但勉強可接受。北京可能以限縮陸客來台，或者停止兩岸制度性協商機制，作為對民進黨政府施壓的手段，將蔡英文往「凍獨」、實質承認「一中」的方向推進。至國慶日之前，兩岸關係應會維持「冷和」，北京持續對蔡英文「察言觀行」，雙方互不挑釁、各自對內交代。然而，因缺乏官方制度性協商機制，不經協商即由北京逕行實施的對台單邊作為，可能會愈來愈多；更有甚者，圍繞台灣外交及國際空間的鬥爭可能也會再度激化。[49]同時，在這段時間內，因為缺乏制度性協商管道，兩岸之間會出現替代的交流方案，如智庫、

地方層級之間的交流等，試圖進行溝通與磨合。

將時間再向後推到二〇一六年的國慶，可能是另一種互動模式的轉折點。當天蔡英文總統將發佈上任以來第二份重要文告，文告內容也可能會涉及兩岸關係即將要重新啟動的訊息。兩岸經過一段冷和沈澱並各自「對內交代」後，新的對口單位也已經磨合了一段時間。習近平曾說：「兩岸的中國人有智慧、有能力自行解決問題」。此外，十一月美國總統大選結束後，美國的亞太戰略與中國政策也會更加清晰，將有助於確認新型兩岸關係的互動模式。從習近平的角度而言，二〇一七年底將是他鞏固權力並確保權力繼承的重要指標年份。若不想將兩岸關係與對台工作成效的檢討被帶入明年而受到連累與牽動，那麼二〇一六年底之前就是重新啟動新型兩岸關係的時機點。

附件一——

中共省部級以上官員腐敗查處一覽表

事件
利用職務上的便利為他人謀取利益，收受巨額賄賂；利用職務上的便利為他人謀取利益，其妻、女收受他人所送巨額財物；利用職務上的便利為其弟經營活動謀取利益；濫用職權進行封建迷信活動，造成國家財政資金巨額損失；腐化墮落。
生活作風問題。
利用職務上的便利為他人謀取利益，本人及其親屬收受巨額錢物；違規為其親屬經營活動謀取利益；收受禮金禮品；道德敗壞。
利用職務上的便利，為他人謀取利益，本人或通過其親屬收受巨額財物；道德敗壞。
利用職務上的便利為他人謀取利益，本人或通過其子收受巨額賄賂；收受禮金；利用職務上的便利為其子經營活動謀取利益；道德敗壞。
利用職務上的便利，為他人謀取利益，本人或通過其親屬收受巨額財物；收受禮金禮品。
利用職務上的便利，為他人謀取利益，本人或通過其親屬收受巨額財物。
利用職務上的便利為他人謀取利益，收受巨額賄賂。
嚴重違紀。

姓名	最高職位	中央立案審查時間 中央處分時間	處分狀況 (司法機關審查結果時間)
李春城	四川省委副書記	2012.6.12 2014.4.29	雙開 2015.10.12判處有期徒刑13年
衣俊卿	中央編譯局局長	2013.1.17 (中央處分時間)	免職
劉鐵男	國家發改委副主任 國家能源局局長	2013.5.12 2013.8.8	雙開 2014.12.25判處無期徒刑,剝奪政治權利終身
倪發科	安徽省副省長	2013.6.4 2013.9.30	雙開 2015.2.28判處有期徒刑17年
郭永祥	四川省文聯主席 四川省副省長	2013.6.22 2014.4.9	雙開 2015.10.13判處有期徒刑20年
王素毅	內蒙古自治區黨委常委 內蒙古自治區統戰部部長	2013.6.30 2013.9.4	雙開 2014.7.17判處無期徒刑,剝奪政治權利終身
李達球	廣西壯族自治區政協副主席 廣西壯族自治區區總工會主席	2013.7.6 2013.9.4	雙開 2014.10.13判處有期徒刑15年,剝奪政治權利4年
王永春	中國石油天然氣集團公司副總經理兼大慶油田有限責任公司總經理	2013.8.26 2014.6.30	開除黨籍 2015.10.13判處有期徒刑20年
李華林	中國石油天然氣集團公司副總經理	2013.8.27 2013.8.29	免去黨政領導職務

利用職務上的便利為他人謀取利益，索取、收受巨額賄賂。
利用職務上的便利，為他人謀取利益，收受巨額財物；貪污公款；利用職務便利為其親屬經營活動謀利。
利用職務上的便利為他人謀取利益，本人或通過其親屬等人收受巨額財物；道德敗壞。
利用職務上的便利為他人謀取利益，收受巨額賄賂；濫用職權造成國家財政資金重大損失。
違規批准下屬單位向有關房地產企業非法轉讓國有土地使用權；利用職務上的便利為他人謀取利益，本人或夥同其親屬收受巨額財物；道德敗壞。
利用職務上的便利為他人謀取利益，本人或通過其特定關係人收受巨額賄賂；利用職務上的便利為他人謀取利益，其親屬收受巨額錢物；道德敗壞。
利用職務上的便利為有關單位或個人謀取利益，索取、收受巨額賄賂；對國家信訪局來訪接待司發生的系列嚴重違紀違法案件負有主要領導責任；與他人通姦。
夥同他人貪污巨額公款；利用職務上的便利為有關公司或個人謀取利益，單獨或夥同他人收受巨額賄賂；與他人通姦。
利用職務上的便利為他人謀取利益，本人或通過其特定關係人收受巨額賄賂；收受禮金；道德敗壞，腐化墮落。
違反中央八項規定精神。

蔣潔敏	國務院國資委主任 黨委副書記	2013.9.1 2014.6.30	開除黨籍 2015.10.12判處有期徒刑12年
齊平景	中國外文局副局長	2013.10.11 2013.12.26	雙開 2015.2.11判處無期徒刑
季建業	江蘇省南京市委副書記 江蘇省南京市市長	2013.10.17 2014.1.30	開除黨籍 2015.4.7判處有期徒刑15年
廖少華	貴州省委常委 遵義市委書記	2013.10.28 2014.5.8	雙開 2015.4.9判處有期徒刑16年
陳柏槐	湖北省政協副主席	2013.11.19 2014.3.7	雙開 2015.4.17判處有期徒刑17年
郭有明	湖北省副省長		2014.4.22開除黨籍 移送司法機關
許傑	國家信訪局黨組成員 國家信訪局副局長	2013.11.28 2014.6.27	雙開 2015.12.5判處有期徒刑13年
戴春寧	中國出口信用保險公司副總經理	2013.12.1 2014.6.5	開除黨籍 移送司法機關
陳安眾	江西省人大常委會副主任 江西省省總工會主席	2013.12.6 2014.5.20	雙開 2015.6.19判處有期徒刑12年
付曉光	黑龍江省副省長 亞布力度假區領導小組常務副組長	2013.12.17 （中央處分時間）	留黨察看一年、免職、由副省級降為正局級

任湖南省衡陽市委書記期間，作為市換屆工作領導小組組長、嚴肅換屆紀律第一責任人，不正確履行職責，對衡陽市人大選舉湖南省人大代表前後暴露出的賄選問題，沒有及時採取有效措施嚴肅查處，導致發生嚴重的以賄賂手段破壞選舉的違紀違法案件，給黨、國家和人民利益造成重大損失，政治影響和社會影響極其惡劣。
利用職務上的便利為他人謀取利益，索取、收受巨額賄賂。
利用職務上的便利為他人謀取利益，收受巨額賄賂；與他人通姦。
利用職務上的便利為他人謀取利益，通過其親屬收受巨額賄賂。
嚴重違反黨的政治紀律、組織紀律、保密紀律；利用職務便利為多人謀取非法利益，直接或通過家人收受巨額賄賂；濫用職權幫助親屬、情婦、朋友從事經營活動獲取巨額利益，造成國有資產重大損失；洩露黨和國家機密；嚴重違反廉潔自律規定，本人及親屬收受他人大量財物；與多名女性通姦並進行權色、錢色交易。調查中還發現周永康其他涉嫌犯罪線索。周永康的所作所為完全背離黨的性質和宗旨，嚴重違反黨的紀律，極大損害黨的形象，給黨和人民事業造成重大損失，影響極其惡劣。
受賄、濫用職權問題涉嫌犯罪。
受賄、嚴重違反黨紀。
利用職務便利，為他人謀取職務晉升等方面利益，直接或通過家人收受賄賂，嚴重違反黨的紀律，涉嫌受賄犯罪，情節嚴重，影響惡劣。

童名謙	湖南省政協副主席	2013.12.18 2014.1.2	雙開 2014.8.19判處有期徒刑5年
李東生	公安部黨委副書記 公安部副部長	2013.12.20 2014.6.30	開除黨籍 移送司法機關
楊剛	政協第十二屆全國委員會經濟委員會副主任	2013.12.27 2014.7.11	雙開、移送司法機關
李崇禧	四川省政協主席	2013.12.29 2014.9.11	雙開 2015.11.3判處有期徒刑12年
周永康	前政治局常委 前政法委書記	2014.7.29 2014.12.6	雙開 2015.6.11判處無期徒刑
蘇榮	政協副主席	2014.6.14 2015.2.16	雙開、移送司法機關
徐才厚	前軍委副主席	2014.6.30 （中央處分時間）	開除黨籍 2014.10.28移送司法機關 2015.3.15病逝
郭伯雄	前軍委副主席	2015.7.30 （中央處分時間）	開除黨籍 移送司法機關

嚴重違反黨的政治紀律、政治規矩、組織紀律、保密紀律；利用職務便利為多人謀取利益，本人或通過家人收受巨額賄賂；違紀違法獲取黨和國家大量核心機密；嚴重違反廉潔自律規定，本人及其妻收受他人錢物，為其妻經營活動謀取利益；與多名女性通姦，進行權色交易；對親屬利用其職務影響力斂財牟利負有重要責任。調查中還發現令計劃其他涉嫌犯罪線索。令計劃的行為完全背離了黨的性質和宗旨，嚴重違反黨的紀律，極大損害黨的形象，社會影響極其惡劣。
利用職務上的便利為他人謀取利益，收受巨額賄賂；收受禮金；與他人通姦。
利用職務上的便利為他人謀取利益，收受巨額賄賂。
利用職務上的便利為他人謀取利益，索取、收受財物問題涉嫌犯罪。
受賄問題涉嫌犯罪。
利用職務上的便利為他人謀取利益，收受財物問題涉嫌犯罪。
利用職務上的便利，非法佔有公共財物；利用職務上的便利為他人謀取利益，收受財物等問題涉嫌犯罪。
新華網：福建省委副書記、省長蘇樹林涉嫌嚴重違紀，目前正接受組織調查。
職務上的便利為他人謀取利益，收受、索取巨額賄賂；與他人通姦。
利用職務上的便利為他人謀取利益，本人或通過其子收受巨額賄賂。
利用職務上的便利為他人謀取利益，索取、收受巨額賄賂；收受禮金禮品；與他人通姦。

令計劃	中央統戰部部長	2014.12.22 2015.7.20	雙開、移送司法機關
申維辰	中國科協黨組書記 中國科協常務副主席	2014.4.12 2014.12.12	雙開、移送司法機關
白恩培	全國人大環境與資源保護委員會副主任委員 雲南省委書記	2014.8.29 2015.1.13	雙開、移送司法機關
何家成	國家行政學院黨委委員 國家行政學院副院長	2014.10.11 2015.11.11	雙開、移送司法機關
朱明國	廣東省政協主席	2014.11.28 2015.2.17	雙開、移送司法機關
周本順	河北省委書記 河北省省人大常委會主任	2015.7.24 2015.10.26	雙開、移送司法機關 2015.10.29立案偵查
楊棟樑	國家安全生產監督管理總局黨組書記 國家安全生產監督管理總局局長	2015.8.18 2015.10.16	雙開、移送司法機關 2015.11.2立案偵查
蘇樹林	福建省委副書記 福建省省長	2015.10.7	
冀文林	海南省副省長	2014.2.18 2014.7.2	雙開、移送司法機關 2015.10.13立案偵查
祝作利	陝西省政協副主席	2014.2.19 2014.8.6	雙開、移送司法機關 2015.11.19立案偵查
金道銘	山西省人大常委會副主任	2014.2.27 2014.12.22	雙開

利用職務上的便利為他人謀取利益，收受巨額賄賂；與他人通姦。
利用職務上的便利為他人謀取利益，本人或通過其親屬收受巨額賄賂。
違反政治規矩和組織紀律，利用職務上的便利在幹部選拔任用、企業經營等方面為他人謀取利益，索取收受賄賂；嚴重違反廉潔自律規定，用公款支付應由個人支付的費用，違規兼職取酬，揮霍浪費公共財產，違規領取薪酬和項目開發獎；嚴重違反中央八項規定精神，用公款打高爾夫球等；貪污公款；與他人通姦。其中，貪污、受賄問題涉嫌犯罪。
利用職務上的便利為他人謀取利益，索取、收受巨額賄賂；與他人通姦。
利用職務上的便利為他人謀取利益，本人或通過其妻收受巨額賄賂。
利用職務上的便利為他人謀取利益，收受巨額賄賂；與他人通姦。
利用職務上的便利謀取私利，其行為構成嚴重違紀。經中央紀委審議並報中共中央批准，決定給予趙智勇開除黨籍處分，取消其副省級待遇，降為科員；收繳其違紀所得。
違反廉潔自律規定，收受禮金；利用職務上的便利，在幹部選拔任用、企業經營等方面為他人謀取利益，收受巨額賄賂，向他人行賄；與他人通姦。其中，受賄、行賄問題涉嫌犯罪。
嚴重違反廉潔自律規定，收受禮金、禮品；利用職務上的便利，為親屬經營活動謀取利益，在幹部選拔任用、企業經營等方面為他人謀取利益，收受賄賂。其中，受賄問題涉嫌犯罪。此外，令政策還存在干擾、妨礙組織審查的行為。
利用職務上的便利為他人謀取利益，索取、收受巨額賄賂；嚴重違反中央八項規定精神，多次出入私人會所。

沈培平	雲南省副省長	2014.3.9 2014.8.6	雙開 2015.12.3判處有期徒刑12年
姚木根	江西省副省長	2014.3.22 2014.8.5	雙開、移送司法機關 2015.5.22立案偵查
宋林	華潤集團董事長 黨委書記	2014.4.17 2015.9.11	雙開、移送司法機關 2015.9.11立案偵查
毛小兵	青海省委常委 西寧市委書記	2014.4.24 2014.7.16	雙開、移送司法機關 2014.7.16立案偵查
譚棲偉	重慶市人大常委會副主任	2014.5.3 2014.9.2	雙開、移送司法機關 2014.9.2立案偵查
陽寶華	湖南省政協副主席	2014.5.26 2014.7.15	雙開 2015.11.3判處有期徒刑11年
趙智勇	江西省委常委 江西省委秘書長	2014.6.3 2014.7.16	開除黨籍、降職
杜善學	山西省委常委 山西省副省長	2014.6.19 2015.2.13	雙開、移送司法機關 2015.2.13立案偵查
令政策	山西省政協副主席	2014.6.19 2015.8.21	雙開、移送司法機關 2015.8.21立案偵查
萬慶良	廣東省委常委 廣州市委書記	2014.6.27 2014.10.9	雙開、移送司法機關 2014.10.9立案偵查

利用職務上的便利為他人謀取利益，收受巨額賄賂；嚴重違反中央八項規定精神，多次參加高消費娛樂活動；與他人通姦。
利用職務上的便利為他人謀取利益，收受巨額賄賂；濫用職權造成國有資產重大損失；嚴重違反中央八項規定精神，多次接受公款宴請。
失職瀆職造成國有資產損失；利用職務上的便利謀取私利，其行為構成嚴重違紀。
違反廉潔自律規定，收受禮金，違規經商辦企業，違規報銷個人費用，參加高檔宴請；貪污巨額公款，利用職務上的便利，在幹部選拔任用、企業經營等方面為他人謀取利益，收受巨額賄賂，向他人行賄，挪用巨額公款；違反財經紀律；濫用職權；與他人通姦。其中，貪污、受賄、行賄、挪用公款、濫用職權問題涉嫌犯罪。
利用職務上的便利為他人謀取利益，收受巨額賄賂；收受禮金禮品；與他人通姦。
違反廉潔自律規定，本人及親屬收受他人財物；利用職務上的便利為親友的經營活動謀取利益；利用職務上的便利，在幹部選拔任用中為他人謀取利益，收受賄賂；濫用職權，造成國有資產重大損失。其中，受賄和濫用職權問題涉嫌犯罪。
利用職務上的便利為他人謀取利益，收受巨額賄賂；收受禮金禮品；與他人通姦。
利用職務上的便利為他人謀取利益，收受巨額賄賂；收受禮金。
違反廉潔自律規定，收受禮金；貪污公款；嚴重違反政治規矩和組織紀律，在幹部選拔任用中為他人謀取利益，收受賄賂，向他人行賄。其中，貪污、受賄、行賄問題涉嫌犯罪
利用職務上的便利為他人謀取利益，索取、收受巨額賄賂；與他人通姦。

譚力	海南省委常委 海南省副省長	2014.7.8 2014.9.30	雙開、移送司法機關 2014.9.30立案偵查
韓先聰	安徽省政協副主席	2014.7.22 2014.12.11	雙開、移送司法機關 2014.12.11立案偵查
張田欣	雲南省委常委 昆明市委書記	2014.7.12 2014.7.16	開除黨籍、降職
武長順	天津市政協副主席 天津市公安局局長	2014.7.20 2015.2.13	雙開、移送司法機關 2015.2.13立案偵查
陳鐵新	遼寧省政協副主席	2014.7.24 2014.10.28	雙開、移送司法機關 2014.10.28立案偵查
陳川平	山西省委常委 太原市委書記	2014.8.23 2015.2.17	雙開、移送司法機關 2015.2.17立案偵查
聶春玉	山西省委常委 山西省委秘書長	2014.8.23 2015.2.3	雙開、移送司法機關 2015.2.3立案偵查
白雲	山西省委常委 山西省委統戰部部長	2014.8.29 2015.2.3	雙開、移送司法機關 2015.2.3立案偵查
任潤厚	山西省副省長	2014.8.29 2015.4.13	2014.9.30接受調查期間 因癌症死亡 死後雙開
孫兆學	中國鋁業公司總經理	2014.9.15 2014.12.23	雙開、移送司法機關 2014.12.23立案偵查

嚴重違反政治紀律和政治規矩，進行非組織政治活動，不如實向組織說明問題；嚴重違反組織紀律，為謀求個人職務調整，送給他人財物；嚴重違反廉潔紀律，利用職務上的便利在企業經營等方面為他人謀取利益並收受財物，收受禮金、禮品。其中，利用職務上的便利為他人謀取利益，收受財物；為謀求個人職務調整，送給他人財物問題涉嫌犯罪。

違反廉潔自律規定，長期佔用公物，收受禮金，揮霍浪費公共財產；利用職務上的便利，在幹部選拔任用、企業經營等方面為他人謀取利益，收受巨額賄賂；與他人通姦。其中，受賄問題涉嫌犯罪。

違反黨的政治紀律、政治規矩和組織紀律，在黨內搞團團伙夥，大肆進行利益交換、利益輸送，拉攏腐蝕領導幹部，公開散布與全面從嚴治黨要求相違背的言論；隱瞞個人因私出國（境）情況；嚴重違反廉潔自律規定，利用職務上的便利和職權影響，為其子經營活動謀取利益；嚴重違反中央八項規定精神，縱容其子開設私人會所，並多次在私人會所宴請有關領導幹部；向他人送禮金；夥同其子行賄；參與騙購外匯。其中，行賄、參與騙購外匯問題涉嫌犯罪。

利用職務上的便利為他人謀取利益，收受巨額賄賂；收受禮金禮品；利用職務上的便利為他人謀取利益，其親屬收受他人財物；與他人通姦。

違反廉潔自律規定，收受禮金；利用職務上的便利，在幹部選拔任用、企業經營等方面為他人謀取利益，收受巨額賄賂。其中，受賄問題涉嫌犯罪。

違反廉潔自律規定，利用職務上的便利為親友的經營活動謀取利益；利用職務上的便利，在幹部選拔任用、企業經營等方面為他人謀取利益，收受巨額賄賂。其中，受賄問題涉嫌犯罪。

違反廉潔自律規定，收受禮金，利用職務上的便利為親屬的經營活動謀取利益；在幹部選拔任用、企業經營等方面為他人謀取利益，收受巨額賄賂。其中，受賄問題涉嫌犯罪。

嚴重違反組織紀律，隱瞞不報個人有關事項；嚴重違反廉潔自律規定，長期佔用公車，收受禮金，公款吃喝、住宿、旅遊、報銷個人費用；利用職務上的便利在幹部選拔任用、企業經營等方面為他人謀取利益，索取、收受巨額賄賂；嚴重違反社會主義道德，與他人通姦；妨害社會管理秩序。其中，受賄問題涉嫌犯罪。

潘逸陽	內蒙古自治區黨委常委 內蒙古自治區區政府副主席	2014.9.17 2015.10.16	雙開、移送司法機關 2015.10.16立案偵查
秦玉海	河南省人大常委會黨組書記 河南省人大常委會副主任	2014.9.21 2015.2.13	雙開、移送司法機關 2015.2.13立案偵查
趙少麟	江蘇省委常委 江蘇省委秘書長	2014.10.11 2015.8.14	雙開、移送司法機關 2015.8.14立案偵查
梁濱	河北省委常委 河北省委組織部長	2014.11.18 2015.1.26	雙開、移送司法機關
隋鳳富	黑龍江省人大常委會副主任	2014.11.27 2015.2.13	雙開、移送司法機關
王敏	山東省委常委 濟南市委書記	2014.11.28 2015.2.17	雙開、移送司法機關
韓學鍵	黑龍江省委常委 大慶市委書記	2014.12.22 2015.4.30	雙開、移送司法機關
孫鴻志	國家工商總局副局長	2014.1.2.26 2015.6.15	雙開、移送司法機關

	嚴重違反組織紀律，隱瞞不報個人有關事項；嚴重違反廉潔自律規定，收受禮金；利用職務上的便利為他人謀取利益，其特定關係人收受巨額錢款；嚴重違反中央八項規定精神，多次出入高檔酒店和私人會所，接受他人宴請；利用職務上的便利，在幹部選拔任用、企業經營等方面為他人謀取利益，收受巨額賄賂。其中，受賄問題涉嫌犯罪。
	涉嫌嚴重違紀違法，目前正接受組織調查。
	違反廉潔自律規定，收受禮金，違規從事營利活動；利用職務上的便利在幹部選拔任用、企業經營等方面為他人謀取利益，收受巨額賄賂。其中，受賄問題涉嫌犯罪。
	嚴重違反廉潔自律規定，收受禮金；嚴重違反中央八項規定精神，由他人出資安排打高爾夫球；利用職務上的便利在幹部選拔任用、企業經營等方面為他人謀取利益，收受巨額賄賂；嚴重違反社會主義道德，與他人通姦。其中，受賄問題涉嫌犯罪。
	違反黨的政治規矩和組織紀律，利用職務上的便利或影響，為女兒、女婿在公務員錄用和職務晉升方面謀取利益；濫用職權，造成國有資產重大損失；弄虛作假，騙取「中國陶瓷藝術大師」稱號榮譽，其行為構成嚴重違紀。
	違反廉潔自律規定，收受禮金；利用職務上的便利在幹部選拔任用、企業經營等方面為他人謀取利益，收受巨額賄賂；嚴重違反社會主義道德，與他人通姦。其中，受賄問題涉嫌犯罪。
	違反紀律，檔案造假，向組織隱瞞本人真實年齡；嚴重違反廉潔自律規定，收受禮金；利用職務上的便利在幹部選拔任用、企業經營等方面為他人謀取利益，索取、收受巨額賄賂；嚴重違反社會主義道德，與他人通姦；干擾、妨礙組織審查，轉移、藏匿贓款贓物。其中，受賄問題涉嫌犯罪。
	違反廉潔自律規定，收受禮金、禮品，利用職務上的便利為親屬的經營活動謀取利益；利用職務上的便利，在幹部選拔任用、企業經營等方面為他人謀取利益，收受巨額賄賂。其中，受賄問題涉嫌犯罪。
	不認真履行黨風廉政建設主體責任，不執行組織決定；為其子在職務晉升方面謀取利益；嚴重違反廉潔自律規定，收受禮金、在購買住房中侵占國家利益、違規領取獎金；利用職務上的便利在幹部選拔任用、企業經營等方面為他人謀取利益，收受賄賂。其中，受賄問題涉嫌犯罪。此外，徐建一還存在干擾、妨礙組織審查的行為。

楊衛澤	江蘇省委常委 南京市委書記	2015.1.4 2015.7.30	雙開、移送司法機關
馬建	國家安全部副部長	2015.1.16	接受調查中
陸武成	甘肅省人大常委會副主任	2015.1.23 2015.5.15	雙開、移送司法機關
斯鑫良	浙江省政協副主席	2015.2.16 2015.6.19	雙開、移送司法機關
許愛民	江西省政協副主席	2015.2.17	開除黨籍、降職
景春華	河北省委常委 河北省委秘書長	2015.3.3 2015.5.8	雙開、移送司法機關
栗智	新疆維吾爾自治區人大常委會副主任	2015.3.11 2015.7.6	雙開、移送司法機關
仇和	雲南省委副書記	2015.3.15 2015.7.31	雙開、移送司法機關
徐建一	中國第一汽車集團董事長 第一汽車集團黨委書記	2015.3.15 2015.8.13	雙開、移送司法機關

	嚴重違反組織紀律，隱瞞不報個人有關事項；嚴重違反廉潔自律規定，收受禮金；利用職務上的便利在幹部選拔任用、企業經營等方面為他人謀取利益，索取、收受巨額賄賂；為謀取個人職務升遷，向他人行賄；嚴重違反社會主義道德，與他人通姦。其中，受賄、行賄問題涉嫌犯罪。
	違反廉潔自律規定，利用職務上的便利，為其妻的經營活動謀取利益；嚴重違反中央八項規定精神，由他人出資安排打高爾夫球；利用職務上的便利在幹部選拔任用、企業經營等方面為他人謀取利益，收受巨額賄賂。其中，受賄問題涉嫌犯罪。徐鋼還存在干擾、妨礙組織審查的行為，與其妻及部分行賄人串供，轉移、藏匿贓款贓物。
	嚴重違反廉潔自律規定，收受禮金；利用職務上的便利，在幹部選拔任用、企業經營等方面為他人謀取利益，收受賄賂；非法持有槍枝、彈藥；嚴重違反社會主義道德，與他人通姦。其中，受賄和非法持有槍枝、彈藥問題涉嫌犯罪。此外，經公安機關偵查，趙黎平還涉嫌故意殺人罪。
	嚴重違反黨的政治規矩和組織紀律，為謀求個人職務升遷搞利益輸送，隱瞞不報個人有關事項；嚴重違反廉潔自律規定，收受禮金；利用職務上的便利，為親屬經營活動謀取利益；利用職務上的便利，非法佔有公共財物，在企業經營等方面為他人謀取利益，索取、收受賄賂。其中，貪污、受賄問題涉嫌犯罪。
	嚴重違反組織紀律，違規任用親屬擔任秘書，隱瞞不報個人有關事項；嚴重違反廉潔紀律，利用職務上的便利在企業經營等方面為他人謀取利益並收受財物，利用職務上的便利為親友經營活動謀取利益，揮霍浪費公款，公車私用。其中，利用職務上的便利在企業經營等方面為他人謀取利益，收受財物問題涉嫌犯罪。
	違反政治紀律和政治規矩，干擾、妨礙組織審查，訂立攻守同盟，轉移贓款贓物；嚴重違反組織人事紀律，違規安排其妻工作並提任職務，出國期間擅自變更路線並延長在國外期限；嚴重違反廉潔自律規定，收受禮金，由下屬單位報銷應由個人支付的費用，利用職務上的便利為親屬經營活動謀取利益；嚴重違反中央八項規定精神，多次接受公款宴請，並出入私人會所、接受私營企業主安排打高爾夫球；利用職務上的便利在幹部選拔任用、賽事審批、體育產業經營等方面為他人謀取利益，收受財物。其中，利用職務便利為他人謀取利益，收受財物問題涉嫌犯罪。

廖永遠	中國石油天然氣集團公司總經理	2015.3.16 2015.6.15	雙開、移送司法機關
徐鋼	福建省副省長	2015.3.20 2015.7.27	雙開、移送司法機關
趙黎平	內蒙古自治區政協副主席	2015.3.25 2015.7.31	雙開、移送司法機關
王天普	中國石油化工集團公司總經理	2015.4.27 2015.9.18	雙開、移送司法機關
余遠輝	廣西壯族自治區黨委常委 南寧市委書記	2015.5.22 2015.10.16	雙開、移送司法機關
蕭天	國家體育總局副局長	2015.6.25 2015.9.24	雙開、移送司法機關

違反政治紀律，干擾、妨礙組織審查，不如實向組織說明問題；嚴重違反組織紀律，利用職務上的便利在幹部選拔任用中為他人謀取利益並收受財物；嚴重違反廉潔紀律，利用職務上的便利在企業經營等方面為他人謀取利益並收受財物；嚴重違反生活紀律，進行錢色交易、權色交易。其中，利用職務上的便利為他人謀取利益，收受財物問題涉嫌犯罪。
違反政治紀律和政治規矩，嚴重違背依法治國決策部署；嚴重違反組織紀律，對黨不忠誠、不老實，隱瞞不報個人有關事項；嚴重違反廉潔自律規定，利用職務上的便利為親屬經營活動謀取利益；嚴重違反中央八項規定精神，違規接受公款接待；違反保密紀律，洩露審判工作秘密；利用職務上的便利在民事訴訟等方面為他人謀取利益，收受財物。其中，利用職務便利為他人謀取利益，收受財物問題涉嫌犯罪。
涉嫌嚴重違紀違法，目前正接受組織調查。
嚴重違反政治紀律，干擾、妨礙組織審查；嚴重違反組織紀律，利用職務上的便利在幹部選拔任用中為他人謀取利益並收受財物，隱瞞不報個人有關事項；嚴重違反廉潔紀律，利用職務上的便利在企業經營等方面為他人謀取利益並收受財物，用公款支付應由個人承擔的費用，收受禮金，為其妻經營活動謀取利益，揮霍浪費公共財產，嚴重違反中央八項規定精神，長期借用國有企業車輛，接受公款宴請，多次出入私人會所。其中，利用職務上的便利為他人謀取利益，收受財物問題涉嫌犯罪。
涉嫌嚴重違紀違法，目前正接受組織調查。
涉嫌嚴重違紀被查。
涉嫌嚴重違紀違法，目前正接受組織調查。
涉嫌嚴重違紀違法，目前正接受組織調查。
涉嫌嚴重違紀違法，目前正接受組織調查。
涉嫌嚴重違紀違法，目前正接受組織調查。
涉嫌嚴重違紀違法，目前正接受組織調查。

欒大克	西藏自治區人大常委會副主任	2015.6.26 2015.10.30	雙開、移送司法機關
奚曉明	最高人民法院副院長	2015.7.12 2015.9.29	雙開、移送司法機關
張力軍	環境保護部副部長	2015.7.30	雙開、移送司法機關
谷春立	吉林省副省長	2015.8.1 2015.10.30	雙開、移送司法機關
鄧崎琳	武漢鋼鐵（集團）公司董事長 武漢鋼鐵黨委書記	2015.8.29	接受調查中
蘇樹林	福建省長	2015.10.7	接受調查中
朱福壽	東風汽車公司總經理	2015.11.2	接受調查中
司獻民	中國南方航空集團公司總經理	2015.11.4	接受調查中
白雪山	寧夏回族自治區政府副主席	2015.11.6	接受調查中
艾寶俊	上海市委常委 上海市副市長	2015.11.10	接受調查中
呂錫文	北京市委副書記	2015.11.11	接受調查中

涉嫌嚴重違紀違法，目前正接受組織調查。
涉嫌嚴重違紀違法，目前正接受組織調查。
嚴重違反政治紀律和政治規矩，轉移、隱匿大量贓款贓物，干擾、妨礙組織審查；嚴重違反巡視紀律，洩露巡視工作秘密。嚴重違反組織紀律，利用職務上的便利在幹部選拔任用等方面為他人謀取利益並收受財物；為職務調整拉票賄選，搞非組織活動；隱瞞不報個人房產、股權等重大事項。嚴重違反廉潔紀律，利用職務上的便利在企業經營等方面為他人謀取利益並收受財物，收受禮金。嚴重違反生活紀律。其中，利用職務上的便利為他人謀取利益，收受財物問題涉嫌犯罪。
涉嫌嚴重違紀，目前正接受組織調查。
違反中央八項規定精神問題發出點名通報。
違反中央八項規定精神問題發出點名通報。
違反中央八項規定精神問題發出點名通報。
嚴重違紀問題進行了立案審查。違反政治紀律，黨員意識淡漠，對抗組織審查，長期搞迷信活動；嚴重違反組織紀律，在組織函詢時不如實向組織說明問題，利用職務上的便利在幹部選拔任用中為他人謀取利益並收受財物；嚴重違反廉潔紀律，在企業經營等方面為他人謀取利益並收受財物，為親友經營活動謀取利益。其中，利用職務上的便利為他人謀取利益，收受財物問題涉嫌犯罪。

姚剛	中國證監會黨委委員 中國證監會副主席	2015.11.13	接受調查中
蓋如垠	黑龍江省人大常委會黨組書記 黑龍江省人大常委會副主任	2015.12.8	接受調查中
劉向東	山西省第十屆省委委員 山西省省委巡視組組長	2015.12.3	接受調查中
常小兵	中國電信集團公司執行董事中國電信集團公司董事長兼首席執行官	2015.12.30	接受調查中
周波	上海市政府黨組成員 上海市副市長	2015.12.22	略
張劍飛	湖南省政府黨組成員 湖南省副省長	2015.12.22	略
李健	中國民用航空局黨組成員 中國民用航空局副局長	2015.12.22	略
白雪山	寧夏回族自治區政府黨組成員 寧夏回族自治區副主席	2015.12.28	接受調查中

年表

二〇〇七・六・二五……中共中央在北京召開黨員領導幹部會議，民主推薦中央政治局組成人員的預備人選。

二〇〇七・一〇・一五－二一……中共十七大，習近平當選中央政治局常委。

二〇〇九・七・二二……美國國務卿希拉蕊・柯林頓在曼谷與泰國副總理薩布哈瓦蘇會晤時提到：「美國已經重返亞洲，並將繼續維持我們對於亞洲盟友的承諾。」

二〇一二・二・六……王立軍事件。

二〇一二・三・一九……三一九北京政變。

二〇一二・四・一〇……菲律賓與中國因黃岩島漁權爭議，雙方海上對峙，後菲提交國際法庭仲裁。

二〇一二・五……京西協議。

二〇一二・八……習近平在政治局會議上表達不願接任總書記，隨後消失十三天。

二〇一二・九・二八……中共中央政治局開除薄熙來黨籍與公職。

二〇一二・一一・八－一四……中共召開十八大，習近平接任總書記。提出「兩個一百年」的經濟發展目標。

二〇一二・一二・四……中共中央政治局會議審議通過「關於改進工作作風與密切聯繫群眾的八項規定」。

二〇一二・一二・二六……浙江省委提出承繼「八項規定」精神的「六項禁令」。

二〇一三・一・二二……菲律賓向海牙國際法庭提交南海仲裁案。

二〇一三・一・二八……習近平在中央政治局第三次集體學習會議中強調「中國必須堅定不移地走和平發展道路」，但「決不能放棄自己的正當權益，決不能犧牲國家核心利益」。

二〇一三・三・五－一七……第十二屆人大選出習近平擔任國家主席。

二〇一三・三・二六－二八……中國、日本、南韓啟動第一輪三邊自由貿易談判。

二〇一三．四．二二……中共中央辦公廳發布《關於當前意識型態領域情況的通報》，簡稱「九號文件」。

二〇一三．四．二九……中共中央政治局就「我國歷史上優秀廉政文化」進行第五次集體學習。

二〇一三．五．一〇……菲律賓向中國大使館抗議中方軍艦駛近仁愛礁。

二〇一三．六……中共開始推行「黨的群眾路線教育實踐活動」，即一整風運動，習近平親自出席中央召開的工作會議部署該項活動。

二〇一三．六．七－八……習近平訪美行程中會晤歐巴馬，提議中美兩國構建「不衝突不對抗、相互尊重、合作共贏」的「新型大國關係」。

二〇一三．六．一三……吳伯雄率中國國民黨訪問團赴北京會見習近平，提出「一個中國架構」，明確說出兩岸非國與國關係。

二〇一三．六．二〇……中共中央軍委成立「全軍基本建設項目和房地產資源普查工作領導小組」。

二〇一三．六．二四……中共中央軍委成立「全軍黨的群眾路線教育實踐活動領導小組」。

二〇一三．八……公安部「集中打擊整治網絡違法犯罪專項行動」以造謠、淫亂為名，逮捕多位在網上影響力極高的「網絡大V」。

二〇一三．八．一九……習近平在全國宣傳思想工作會議上發表「八一九講話」。

二〇一三．九．七……習近平訪問哈薩克時，指出中國將和中亞國家發展新的合作模式，共同建設「絲綢之路經濟帶」。

二〇一三．一〇……平潭綜合實驗區前主任龔清概破格升任國台辦副主任。

二〇一三．一〇．三……習近平訪問印尼時，強調中國將和東協加強海上合作，共同建設「二十一世紀海上絲綢之路」。

二〇一三・一〇・一一—一二……首屆「兩岸和平論壇」在上海召開，討論兩岸領導會晤條件、兩岸公務人員機關往來、共同參與國際事務、兩岸和平協議洽簽等。各方未完全同意彼此看法，僅達共同認知而無共識。後因馬政府消極抵制，親綠人士與會也受黨內質疑，此論壇已連續兩年無法召開。

二〇一三・一〇・三一……中共中央軍委成立「中央軍委巡視工作領導小組」，旋即視察北京軍區、濟南軍區、廣州軍區、成都軍區。

二〇一三・一一……中共中央政治局印發《黨政機關厲行節約反對浪費條例》。

二〇一三・一一・一二……中共十八大三中全會發表《中共中央關於全面深化改革若干重大問題的決定》，宣布設立「全面深化改革領導小組」以及中央國家安全委員會。

二〇一三・一一・二三……中國宣佈劃設東海防空識別區，解放軍隨即在該空域密集空中巡邏。

二〇一三・一二・二七……習近平在「一次重要會議」上提出「聯合作戰指揮體制是重中之重」。

二〇一四・二・一一……陸委會與中國大陸國台辦之間的首次「兩岸事務首長會議」在南京舉行。

二〇一四・二・二七……中共中央網絡安全和信息化領導小組正式宣告成立。

二〇一四・三……菲律賓就南海仲裁案正式提交訴訟狀，仲裁庭進入實際審議階段。

二〇一四・三・八……中國外長王毅在十二屆人大二次會議記者會中稱「當前的中俄關係處於歷史上最好階段」。

二〇一四・三・九……習近平在第十二屆人大二次會議中提出「三嚴三實」講話。

二〇一四・三・一五……中共中央軍委成立「中央軍委深化國防和軍隊改革領導小組」。

二〇一四・四・三……中共中央軍委成立「全軍軍事訓練監察領導小組」，以貫徹剛通過不久的《關於提高軍事訓練實戰化水平的意見》。

二〇一四．四．一五……習近平在中央國家安全委員會第一次會議中提出「總體國家安全觀」。
二〇一四．四．二八……美菲簽署《加強防務合作協議》，使美軍在必要時可迅速抵達南海爭議島礁。
二〇一四．五．五……中國海事局公告「海洋石油九八一號」深水鑽油平台將在西沙群島水域探油至八月十五日。將該鑽油平台周圍十公里水域劃設禁制區，另派出七艘軍艦保護。
二〇一四．六．五……習近平在中阿合作論壇第六屆部長級會議開幕式提出雙方合作關係「以能源合作為主軸」，「以基礎設施建設、貿易和投資便利化為兩翼」，「以核能、航太衛星、新能源三大高新領域為突破口」。
二〇一四．六．二五……第二次兩岸事務首長會議在桃園舉行。
二〇一四．六．三〇……中共中央政治局就「加強改進作風制度建設」進行第十六次集體學習。
二〇一四．七．九……美國國務卿凱瑞前往北京參加第六輪美中戰略與經濟對話，強調「『美中關係新模式』並非用話語來定義，而是要透過實際行動來實現」。
二〇一四．七．二〇……中共中央政治局開除令計劃的黨籍與公職。同日，最高人民檢察院以涉嫌受賄罪對其立案偵查並予以逮捕。
二〇一四．七．三〇……中共宣佈開除徐才厚的黨籍。隨後軍委亦宣佈開除其軍籍，取消其上將軍銜。
二〇一四．九．一八……習近平訪問印度時表示，希望未來五年雙方貿易額提升至一千五百億美金，並將中國對南亞地區的投資提高至三百億美金，同時承諾中國將為南亞國家提供兩百億美金的優惠貸款。
二〇一四．一〇．二〇……美國宣布因考量海洋安全，決定以個案方式解除對越南的部分武器禁運。
二〇一四．一〇．二四……二十一國於北京簽署《籌建亞投行備忘錄》。

二〇一四．一〇．二九……菲律賓菲萊克斯石油公司（Philex Petroleum）表示次年初將派調查船至禮樂灘。

二〇一四．一一．二……中共中央軍委副主席范長龍在古田全軍政治工作會議上提出「堅定自覺維護和貫徹軍委主席負責制」。

二〇一四．一一．四……中共中央軍委副主席許其亮在《人民日報》撰文強調強調：「要圍繞貫徹軍委主席負責制，完善和落實相關制度機制，確保全軍一切行動聽從黨中央、中央軍委和習主席指揮。」

二〇一四．一一．一二……美國和中國宣佈雙方已簽署《建立重大軍事行動相互通報信任措施機制的諒解備忘錄》和《海空相遇安全行為準則諒解備忘錄》。

二〇一四．一一．一九……習近平在致首屆世界互聯網大會賀詞上首度提到「尊重網絡主權」。

二〇一四．一一．二八－二九……中共中央外事工作會議召開，會中習近平主張「中國必須有自己特色的大國外交」，要求對外工作必須具備鮮明的「中國特色、中國風格、中國氣派」。

二〇一四．一二……北京軍區司令員張仕波與國防大學校長宋普選兩人職務對調。

二〇一五．一．三……北京市公安局以涉嫌非法經營罪逮捕NGO「傳知行」法定代表和行政主管，顯示中共開始封閉NGO取得境外資金的管道。

二〇一五．一．八－九……中拉論壇首屆部長級會議舉行，通過《中國與拉美和加勒比國家合作規畫（二〇一五－二〇一九）》。習近平在開幕式中宣佈十年內將中國與拉丁美洲共同體雙邊貿易額提高到五千億美元。

二〇一五．一．二五……美國總統歐巴馬訪問印度，與印度總理莫迪發佈美印聯合聲明，宣示兩國對南海安全情勢的關切和共同立場。
二〇一五・二・一一……中共中央巡視工作動員部署會決定以一年完成對中央管理國有重要骨幹企業和金融企業巡視的全覆蓋。
二〇一五・三……籌備「反對公交車性騷擾」活動的女權運動者遭拘留。北京警方大規模搜查性平ＮＧＯ「益仁平」。其後國際社會嚴厲批評此事，而中國外交部要求各國尊重中國的司法主權。
中共中紀委的紀檢組進駐中辦、中組部、中宣部、中央統戰部、全國人大機關、國辦、全國政協機關。
二〇一五・三・四……習近平於全國政協會議聯組會上公開強調九二共識是兩岸關係的政治基礎，「基礎不牢、地動山搖」。
二〇一五・三・五……中國國務院《政府工作報告》首次提出要提高「全要素生產率」，並要求加快實施創新驅動戰略。
二〇一五・三・二九……中國民航局宣布正式啟用Ｍ５０３航線，該航線貼近台灣海峽中線。
二〇一五・四・二一……福建自貿區成立。
二〇一五・五・四……朱習會，習近平指沒有九二共識就沒有和平，也沒有發展。朱立倫提出，希望兩岸能在九二共識基礎上，就亞投行、一帶一路、ＲＣＥＰ攜手合作。
習近平強調「在不違背一個中國原則的情況下作出妥善安排」。
二〇一五・五・一二……日本和菲律賓在南海水域舉行首度海上聯合軍事演習。
二〇一五・五・二〇……美國海軍派出P-8偵察機，從菲律賓克拉克空軍基地起飛，抵達中國控制的南海島礁執行偵查任務。機上並搭載ＣＮＮ記者。

二〇一五．五．二三……第三次兩岸事務首長會議在金門舉行。

二〇一五．五．二六……越南國防部長馮光青訪問印度，雙方共同發佈《二〇一五～二〇二〇年聯合願景聲明》，並且簽署國防和海巡合作的備忘錄。

二〇一五．五．三〇……美國國防部長卡特在第十四屆香格里拉會議中，呼籲各方立即停止填海造陸，並宣佈美國已經決定提出全新的「東南亞海洋安全倡議」。

二〇一五．五．三一……澳洲國防部長安德魯斯表示將持續派遣軍事偵察機進入南海水域執行任務。

二〇一五．六……第十二屆人大常委會初次審議《中華人民共和國網絡安全法》草案、《境外非政府組織管理法》草案。
網路警察官方公用帳號啟用，全天候在網路上巡察執法。

二〇一五．六．四……菲律賓總統阿基諾三世訪日，與日首相安倍共同對中國在南海水域的動靜表達關切。雙方宣佈兩國將加強安全合作，並商討軍備和軍事技術轉移事宜。

二〇一五．六．一二……中國股市暴跌。

二〇一五．六．一六……中共中央辦公廳公布《中國共產黨黨組工作條例（試行）》。

二〇一五．六．二六……中共中央政治局就「加強反腐倡廉法規制度建設」進行第二十四次集體學習。
中央政治局會議審議通過《中國共產黨巡視工作條例（修訂稿）》、《關於推進領導幹部能上能下的若干規定（試行）》。

二〇一五．七……多位維權律師與人權倡議人士遭逮捕，另有二百多位相關人士與家屬遭拘留、約談或限制出境。《人民日報》刊出文章指其為相互勾連的涉嫌重大犯罪團夥，嚴重擾亂社會秩序。稍後，中國當局指控被捕律師涉顛覆罪。

二〇一五．七．一……第十二屆人大常委會通過《中華人民共和國國家安全法》，其中第十一條規定「維護國家主權、統一和領土完整是包括港澳同胞和台灣同胞在內的全中國人民的共同義務。」

二〇一五・七・一—六……中國不再加簽紙本台胞證，而開始受理電子台胞證申請。

二〇一五・七・五—二〇……日本首次派員參加澳洲和美國二年一次的軍事演習。

二〇一五・七・二二……百度「那吧」活躍網友遭「納吧」成員毆打，其後公安部轉發共青團所屬中國青年網文章指其為「意識型態領域的網絡顛覆活動」。

二〇一五・七・三〇……中共中央政治局開除郭伯雄黨籍，將其移交軍事檢察機關。

二〇一五・九・九……中紀委書記王岐山在講話中談到中共的執政合法性。

二〇一五・九・一九……日本參議院通過新安保法（《國際和平支援法案》、《和平安全法制整備法案》）。

二〇一五・九・二二……署名「一群堅定的共產黨人」在博訊上發文〈建議中共中央撤銷習近平同志總書記的職務〉。

二〇一五・九・二四……上海市人大常委會通過《上海市台灣同胞投資權益保護規定》，為在當地投資就業的台灣人及其親屬就醫、求學提供「市民待遇」。類似規定後推展至江蘇等地。

二〇一五・九・二五……美國和中國在「歐習會」中宣布完成《軍事危機通報與軍機空中相遇準則》。

二〇一五・九・二九……中共中央辦公廳公布《關於加強社會組織黨的建設工作的意見（試行）》。

二〇一五・一〇……中共中央發布修訂版《中國共產黨紀律處分條例》。

中國發改委、商務部、工信部等十二部門聯合發文批覆，同意設立平潭、福州、昆山等地為兩岸電子商務經濟合作實驗區。

二〇一五・一〇・一二……中國社科院台研所所長周志懷在重慶兩岸智庫學術研討會致詞，提到「如果維繫兩岸關係和平發展的政治基礎坍塌，雙方誤判增加，對立升級，未來不能完全排除失控風險。」

二〇一五・一〇・一四……第四次兩岸事務首長會議在廣州舉行。

二〇一五・一〇・二七……美國伯克級驅逐艦「拉森號」至南海水域巡弋時，進入中國控制的渚碧礁和美濟礁周邊十二海里。

二〇一五・一〇・二九……中共十八大五中全會通過「十三五計劃」，即《中共中央關於制定國民經濟和社會發展第十三個五年規畫的建議》，由習近平定調，凌駕李克強之上。

二〇一五・一〇・三一……外交部表示，針對南海仲裁案管轄權判決，由於仲裁法庭並未徵求中華民國意見，因此我政府對其相關判斷既不承認，也不接受。

二〇一五・一一・七……馬習會，習近平指九二共識是兩岸關係的「定海神針」，沒有它兩岸就會陷入「驚濤駭浪」，另表示強調「我們應該以行動向世人表明：兩岸中國人完全有能力、有智慧解決好自己的問題。」國台辦主任張志軍在記者會中重申不介入台灣大選的立場。

二〇一五・一一・一〇……習近平在中共中央財經領導小組第十一次會議中提出「供給側改革」，此主張後被稱為「習近平經濟學」。

二〇一五・一一・一三……兩架美國B52戰略轟炸機飛入中國所聲索的南海島礁附近十五海里範圍內，五角大廈發言人指其為例行任務。

二〇一五・一一・一七……菲律賓及越南發表聯合聲明，指兩國已簽署協議，成為「戰略夥伴關係」。美國總統歐巴馬參觀菲律賓海軍旗艦，宣佈美國會向菲律賓再派遣一艘海岸警衛隊快艇和一艘研究船。

二〇一五・一二……習近平親自主持中共中央政治局專題民主生活會，檢查「八項規定」、「三嚴三實」的實踐進度。

廣東公安逮捕多名勞工NGO成員，新華社撰文稱其長期接受境外組織資助、抹黑中國形象。

中國政府驅離法國記者郭玉，指其挑撥中國各民族間的關係。

二〇一五・一二・一八—二一……中國召開中央經濟工作會議，針對供給側改革提出五大任務：去產能、去庫存、去槓桿、降成本、補短板。

二〇一五・一二・三一……解放軍組織改造，成立中國人民解放軍陸軍領導機構、中國人民解放軍火箭軍、中國人民解放軍戰略支援部隊。習近平在成立大會中勉勵其「為實現中國夢強軍夢作出新的更大的貢獻。」

二〇一六・一・一—七……中國證監會為應對股災，實施「熔斷」（盤中暫停交易）機制，上路四天內觸發兩次股市收市，證監會宣佈暫停實施。

二〇一六・一・三……瑞典人權工作者彼得・達林遭到中共國安部與公安部逮捕，新華社稱其為「西方反華勢力安插在中國的眼線」。其後達林在中央電視台節目中公開「認罪懺悔」後遭到驅逐出境。

二〇一六・一・一一……中共中央軍委公布軍委機關部門調整方案，原軍委四總部改組為十五個軍委直屬職能部門。

二〇一六・一・一六……中共中央台辦、國務院台辦對台灣總統選舉結果發表談話，未見針對蔡英文當選感言直接回應與批判。隨後多有官媒、學者發表軟調柔性評論。

二〇一六．一．一八……蔡英文接受《壹週刊》訪問，認為選前北京非常克制，瞭解對岸善意，並說要將《兩岸協議監督條例》列為新國會最優先通過法案。

二〇一六．一．一九……中共中紀委對國台辦副主任龔清概進行組織調查。民進黨秘書長吳釗燮赴美演講表示「兩岸關係不是選舉主軸，不能以國民黨敗選的結果論定是否針對中國。」

二〇一六．一．二一……蔡英文接受《自由時報》專訪，提出將以一九九二年兩岸兩會會談歷史事實與「既有政治基礎」，持續推動兩岸關係和平穩定發展。北京迅速透過官方媒體《中評社》快評回應：「蔡英文的新表述，可以進一步表述為兩岸同屬一中，但也可能作其他表述，……這也是大陸仍不放心的關鍵所在。」

二〇一六．一．二八……馬英九總統親率官員及學者前往南沙太平島視察，發表「南海和平倡議」路徑圖。此舉引發美國高度失望、越南抗議，與北京歡迎。

二〇一六．二．一……中國政府放行旅客至台灣轉機（陸客中轉），我政府未獲通知。中國人民解放軍將原有的七大軍區改編為五大戰區。

二〇一六．二．二……中共中央政治局常委俞正聲在中共「對台工作會議」指出年度工作確有成效。是次會議確立的工作部署包括經濟上繼續促進融合發展，政治上則「和台灣所有認同兩岸同屬一個中國的政黨和團體接觸交流」，另外大力加強對台工作系統黨風建設、反腐鬥爭。

二〇一六．二．二五……中國外交部長王毅在華府智庫ＣＳＩＳ演講，將中華民國憲法界定為「大陸台灣同屬一個中國」的憲法。

二〇一六．三．一七……中國與甘比亞建交，兩國聯合公報稱甘比亞政府承認世界上只有一個中國，中華人民共和國政府是代表全中國的唯一合法政府，台灣是中國領土不可分割的一部分。

二〇一六．四……肯亞事件，中國宣稱對此詐騙案有刑事管轄權，於是將肯亞法院判決無罪的台灣公民強押至中國拘禁。

二〇一六．四．二八……第十二屆人大常委會通過《境外非政府組織境內活動管理法》。

二〇一六．五．六……世界衛生組織發給我方邀請函加註「一中原則」。

二〇一六．五．九……《人民日報》頭版刊登一篇「權威人士」約七千字專訪〈開局首季問大勢〉，談論當前中國經濟情勢，幾乎全面否定中國國務院總理李克強的經濟施政。

二〇一六．五．一六……習近平在中央財經領導小組第十三次會議中提到他對地方政府在供給側改革中的看法，認為「有的地方還沒有有力行動起來，有的工作抓得還不精準。」

中國國務院官網刊登三篇文章〈我國經濟實現較好開局〉（之一、之二、之三）。

二〇一六．五．二〇……蔡英文總統就職演說指將以「九二會談」的歷史事實為兩岸未來關係發展的政治基礎，並首度提到將以中華民國憲法及兩岸人民關係條例為基礎，處理兩岸關係。次日國台辦指堅持九二共識、一中原則方為延續兩岸官方互動與兩會協商的政治基礎。

二〇一六．五．二六……中國國防部表示，無論南海仲裁案最終結果如何，中方都不會接受和承認裁決。

注釋

第一章

1 Jack, S. Levy, "The Diversionary Theory of War: A Critique." In Mandus I. Midlarsky, ed., *Handbook of War Studies*. (Boston, MA: Unwin Hyman, 1989), 258-288. T. Clifton Morgan and Kenneth. N. Bickers, "Domestic Discontent and the External Use of Force," *Journal of Conflict Resolution* 36, no. 1 (March 1992): 25-52.

2 Thomas J. Christensen, *Useful Adversaries: Grand Strategy, Domestic Mobilization, and Sino-American Conflict, 1947-1958* (Princeton, NJ: Princeton University Press, 1996).

3 Juan J. Linz, *Totalitarian and Authoritarian Regimes*. (Boulder: Lynne Rienner Publishers, 2000).

4 Richard Lowenthal, "Development vs. Utopia in Communist Policy," in Chalmers Johnson, ed., *Change in Communist Systems* (Stanford: Stanford University Press, 1970).

5 Juan J. Linz, *Totalitarian and Authoritarian Regimes*. (Boulder: Lynne Rienner Publishers, 2000), 245-246.

6 Szu-chien Hsu, "A Tale of Two Party-States: Comparing Authoritarianism across the Taiwan Strait," in Guoguang Wu and Helen Landsdowne, eds., *New Perspectives on China's Transition from Communism* (London and New York: Routledge, 2015), 58-79.

7 Valery Lazarev, "Economics of One-Party State: Promotion Incentives and Support for the Soviet Regime," *Comparative Economic Studies* 47 (2005): 346-363.

8 Steven Levitsky and Lucan Way, "The Durability of Revolutionary Regimes," *Journal of Democracy* 24, no. 3 (2013): 5-17.

9 專門研究威權政體的美國學者Geddes (2003)用經驗資料比較了不同類型威權政體的穩定和變遷方向。她指出，若將「個人統治」、「軍人統治」、

和「政黨統治」等威權政體相比，在穩定性上，「個人統治」是最不穩定的，其次是「軍人統治」，再次是「政黨統治」。在政權倒台後成為民主政權的機率，「軍人統治」最高，其次是「政黨統治」，再次是「個人統治」。根據她的研究，若以「非強制」的方式（譬如政變、革命、外國入侵等）自行產生轉型（也就是由原來的類型轉變為另一種類型）的機率，「軍人統治」可能性最高，「政黨統治」其次，「個人統治」最不可能。但若觀察以「強制」的方式來使之轉型的可能性，則「個人統治」的威權最高，「政黨統治」其次，「軍人統治」反而最低。至於直接轉型成「民主政體」的可能，「軍人統治」最高、其次是「政黨統治」，「個人統治」則最低。Magaloni (2008)的研究則顯示了類似的結果，他的研究顯示，在「君主威權」、「軍事政體」、「一黨威權」、和「霸權政黨威權」四種威權政體類型中，「軍事政體」最短命，「一黨威權」（黨國威權即屬於此類）最長命，如果用四十年以內的壽命來衡量，「霸權政黨威權」比「君主威權」要穩定，但超過四十年以上的話，則「君主威權」勝出。在直接轉型為民主的可能性方面，「霸權政黨威權」是最可能的，其次是「軍事威權」；「一黨威權」和「君主威權」可能性都很低。Barbara Geddes, *Paradigms and Sand Castles: Research Design in Comparative Politics* (Ann Arbor: University of Michigan Press, 2003), 50-64.

10 "Xi Jinping's Leadership: Chairman of Everything," *Economist*, April 2, 2016, at http://www.economist.com/news/china/21695923-his-exercise-power-home-xi-jinping-often-ruthless-there-are-limits-his.

11 江迅，〈中共研議取消常委制，北戴河博弈十九大人事〉，《亞洲週刊》第30卷第5期，2016年5月15日，見http://www.yzzk.com/cfm/content_archive.cfm?id=1462420169194。

12 Beatriz Magaloni, "Credible Power-Sharing and the Longevity of Authoritarian Rule," *Comparative Political Studies* 41, no. 4/5 (2008): 715-741. Daron Acemoglu and James A. Robinson, *Economic Origins of Dictatorship and Democracy* (Cambridge and New York: Cambridge

University Press, 2006).

13 Valery Lazarev, "Economics of One-Party State: Promotion Incentives and Support for the Soviet Regime," *Comparative Economic Studies* 47 (2005): 346-363. Jason Brownlee, *Authoritarianism in an Age of Democratization* (New York: Cambridge University Press, 2007). Beatriz Magaloni, "Credible Power-Sharing and the Longevity of Authoritarian Rule," *Comparative Political Studies* 41, no. 4/5 (2008): 715-741.

14 Beatriz Magaloni, "Credible Power-Sharing and the Longevity of Authoritarian Rule," *Comparative Political Studies* 41, no. 4/5 (2008): 715-741.

15 Carles Boix and Milan W. Svolik, "The Foundations of Limited Authoritarian Government: Institutions, Commitment, and Power-sharing in Dictatorships," *The Journal of Politics* 75, no. 2 (2013): 300-316.

第二章

1 陳德昇，〈中共十八大黨政菁英甄補：預測、評估與反思〉，收錄於陳德昇主編，《中共十八大菁英甄補與治理挑戰》，台北：印刻文學，2015，第3至40頁。

2 Alice L. Miller, "The 18th Central Committee Leadership with Comrade Xi Jinping as General Secretary," *China Leadership Monitor* 48 (Fall 2015), at http://www.hoover.org/research/18th-central-committee-leadership-comrade-xi-jinping-general-secretary.

3 Cheng Li, "Xi Jinping's Inner Circle (Part 1: The Shaanxi Gang)," *China Leadership Monitor* 43 (Spring 2014), at http://www.brookings.edu/research/papers/2014/01/30-xi-jinping-inner-circle-li.

4 高新，《江澤民的權力之路》，香港：明鏡出版社，1997，第382頁。

5 吳國光，《逐鹿十五大：中國權力格局》，香港：太平洋世紀研究所，1997，

第88頁。

6 參閱陳華昇，〈中國大陸菁英政治研究中「派系主義」與「非正式政治」模式之分析——對鄒讜「宏觀歷史與微觀行動」研究方法之探討〉，《國政研究報告》2008年12月9日，見http://www.npf.org.tw/2/5146。

7 關於運用偉人理論於習近平的分析，請參閱董立文，〈再論習近平的對台政策：結構與性格的拔河〉，《戰略與評估》第4卷第3期（2013秋），第1至18頁。

8 中新社，〈民主推薦政治局預備人選開創中共黨內民主先河〉，《人民網》2007年10月24日，見http://cpc.people.com.cn/GB/104019/104118/6427099.html。

9 關於中共權力繼承制度化的問題，請參閱董立文，〈論中共權力繼承的非制度化〉，收錄於林佳龍主編，《未來中國：退化的極權主義》，台北：時報文化，2004，第129至164頁。

10 搜尋結果：「黨的四風是哪四風」，《第一文庫網》，見http://www.wenku1.com/so/?key=党的四　是哪四　。

11 習近平，〈扎實做好保持黨的純潔性各項工作〉，《中央政府門戶網站》2016年3月16日，見http://www.gov.cn/ldhd/2012-03/16/content_2093000.htm。

12 新華社，〈中共中央政治局召開會議審議關於改進工作作風、密切聯繫群眾的有關規定　分析研究二〇一三年經濟工作〉，《人民網》2012年12月5日，見http://cpc.people.com.cn/n/2012/1205/c64094-19793530.html。

13 〈七講七不講〉，《百度百科》，見http://baike.baidu.com/view/13088733.htm。

14 〈六項禁令〉，《百度百科》，見http://baike.baidu.com/view/3659383.htm。

15 新華社，〈黨政機關厲行節約反對浪費條例〉，《新華網》2013年11月26日，見http://news.xinhuanet.com/legal/2013-11/26/c_125760796.htm。

16 中央黨的群眾路線教育實踐活動領導小組辦公室，〈習近平在黨的群眾路

線教育實踐活動工作會議上的講話〉，《群眾路線網》2013年7月26日，見http://qzlx.people.com.cn/n/2013/0726/c365007-22344078.html。

17〈中央「八項規定」、「六項禁令」和反「四風」的主要內容〉，鄭州航空工業管理學院中紀委監察處，2014年12月9日，見http://jwb.zzia.edu.cn/s/35/t/21/a4/8f/info42127.htm。

18 老馬，〈解讀：政治局集體學習為何首次聚焦當下反腐形勢〉，《新京報》2015年9月8日，見http://big5.china.com.cn/gate/big5/jjzg.china.com.cn/2015-09/08/content_8216748.htm。

19〈2015年中央巡視緊盯國企　將實現第二個「全覆蓋」〉，《中國共產黨新聞網》2015年2月12日，見http://fanfu.people.com.cn/n/2015/0212/c64371-26555345.html。

20〈2016年中央巡視「劍指」部門和事業單位〉，《新華網》2015年12月6日，見http://news.xinhuanet.com/politics/2015-12/06/c_1117369555.htm。

21 法制網—法制日報，〈今年35名落馬省部級「老虎」審查情況通報〉，《新華網》2015年12月16日，見http://news.xinhuanet.com/legal/2015-12/16/c_128534262.htm。

22 陳治治，〈中央紀委一次點名通報三省部級幹部的「新意」〉，《中國紀檢監察報》2015年12月24日，見http://news.xinhuanet.com/legal/2015-12/24/c_128563536.htm。

23 葉帆，〈「權力鬥爭說」混淆視聽　反腐敗鬥爭無禁區無上限〉，《人民日報》2016年1月29日，見http://news.xinhuanet.com/legal/2016-01/29/c_128681732.htm。

24〈反腐哪有什麼「紙牌屋」〉，《人民日報》2016年1月26日，見http://news.xinhuanet.com/politics/2016-01/26/c_128670712.htm。

25〈習近平強調無鐵帽子王　批周薄徐令蘇搞分裂〉，《東網》2016年1月3日，見http://hk.on.cc/cn/bkn/cnt/news/20160103/bkncn-20160103134150625-0103_05011_001.html。

26〈中紀委：一些腐敗分子為政治上更大訴求搞小圈子〉，中央紀委監察

部，2015年12月21日，見http://news.xinhuanet.com/legal/2015-12/21/c_128550489.htm。

27〈景春華被調查　去年以來已有20餘名「秘書長」落馬〉，《中國共產黨新聞網》2015年3月4日，見http://fanfu.people.com.cn/n/2015/0304/c64371-26634067.html。

28〈授權發佈：中共中央關於全面深化改革若干重大問題的決定〉，《新華網》2013年11月15日，見http://news.xinhuanet.com/politics/2013-11/15/c_118164235.htm。

29〈關於《中共中央關於全面深化改革若干重大問題的決定》的說明〉，《中國共產黨新聞網》2013年11月9日，見http://cpc.people.com.cn/xuexi/n/2015/0720/c397563-27331312.html。

30〈中共中央關於全面深化改革若干重大問題的決定〉。

31〈中紀委召開派駐機構全覆蓋工作動員部署會議〉，中央紀委監察部，2015年12月2日，見http://news.xinhuanet.com/legal/2015-12/02/c_128489960.htm。

32〈中央巡視組組長一覽：7人6次「掛帥」　新增2名女性〉，《中國共產黨新聞網》2015年3月9日，見http://fanfu.people.com.cn/n/2015/0309/c64371-26661574.html。

33〈中央首輪巡視已進駐20家央企　兩大看點值得關注〉，《中國共產黨新聞網》2015年3月2日，見http://fanfu.people.com.cn/n/2015/0302/c64371-26621971.html。

34 姚奕，〈2015年中央巡視緊盯國企　將實現第二個「全覆蓋」〉，《中國共產黨新聞網》2015年2月12日，見http://fanfu.people.com.cn/n/2015/0212/c64371-26555345.html。

35〈中央直屬機關事務管理局關於巡視整改情況的通報〉，中央紀委監察部，2016年1月28日，見http://news.xinhuanet.com/legal/2016-01/28/c_128679990.htm。

36 同前注。

37 李誌暉、丁靜、李驚亞、王軍偉，〈中央反腐「全覆蓋」　強力清理「避風港」〉，《新華網》2015年4月2日，見http://theory.people.com.cn/n/2015/0402/c49150-26787576.html。

38 郭興，〈哪家多？2015年第二輪巡視單位被處分人數一覽〉，《新華網》2016年1月29日，見http://news.xinhuanet.com/legal/2016-01/29/c_128683536.htm。

39 董立文，〈論中共的維穩與國家安全之關係〉，收錄於曾正一主編，《公共安全學術研討會「安全研究與情報學之發展」論文集》，桃園：中央警大出版社，2013，第1至21頁。

40 胡平，〈習近平大權獨攬，究竟比江澤民胡錦濤權力大多少？〉，《阿波羅新聞網》2014年1月25日，見http://www.aboluowang.com/2014/0125/367163.html。

41 美國之音，〈中國新星開啟通往最高權力之路〉，《超級蘋果網》2015年11月16日，見http://www.powerapple.com/news/guo-ji/2015/11/16/2495704.html；明報，〈整頓中央　習在地方也不忘安插親信〉，《博訊》2015年10月3日，見http://www.boxun.com/news/gb/china/2015/10/201510031307.shtml；吳歡，〈習近平神秘舊部赫然隨行劉雲山〉，《多維新聞》2015年10月10日，見http://china.dwnews.com/news/2015-10-10/59687130.html。

42 蘇米，〈王岐山陝西調研　隨行再現神秘人物〉，《多維新聞》2015年7月12日，見http://china.dwnews.com/news/2015-07-12/59666633.html。

43 明報，〈習班子成形　重用自己人　舊部舊識占多數　章立凡：易偏聽偏信〉，《博訊》2015年10月3日，見http://boxun.com/news/gb/china/2015/10/201510031045.shtml。

44 世界日報，〈紐時：高度集權背後　習缺的是信任〉，《博訊》2015年9月30日，見http://boxun.com/news/gb/china/2015/09/201509300705.shtml。

45 美國之音，〈高深莫測，學者盤點習近平核心團隊〉，《博訊》2015年10

月3日，見http://boxun.com/news/gb/china/2015/10/201510030326.shtml。

46 靜水深流滄笙踏歌，〈幹部「能上能下」激活人事體制〉，《共產黨員網》2015年7月27日，見http://bbs.12371.cn/forum.php?mod=viewthread&tid=209274。

47 靜水深流滄笙踏歌，〈「四項制度」促進幹部能上能下〉，《共產黨員網》2015年7月29日，見http://bbs.12371.cn/forum.php?mod=viewthread&tid=210910。

48 沈玉清，〈北戴河在人事議題上將有激烈較量〉，《大紀元》2015年7月29日，見http://www.epochtimes.com/b5/15/7/27/n4489450.htm。

第三章

1 Andrew Nathan, "Authoritarian Resilience," *Journal of Democracy* 14, no. 1 (January 2003): 6-17.

2 Jessica Teets, *Civil Society under Authoritarianism: The China Model* (New York: Cambridge University Press, 2014), chap. 1; Anthony J. Spires, Lin Tao and Kin-man Chan, "Societal Support for China's Grass-roots NGOs: Evidence from Yunnan, Guangdong and Beijing," *The China Journal* 71 (January 2014): 65-90.

3 高毅，〈江澤民的「老人干政」走到盡頭？〉，《BBC中文網》2014年9月16日，見http://www.bbc.com/zhongwen/trad/china/2014/09/140916_jiang_zemin_influence_ccp。

4 〈曾慶紅傳被抓　曾逼胡錦濤讓出中共主席〉，《中國觀察》2014年7月15日，見http://chinaexaminer.bayvoice.net/b5/ccpsecrets/2014/07/15/13601.htm。

5 黃清，〈傳習近平接班前失蹤因「遭周永康刺殺」〉，《大紀元》2013年12月8

日，見http://www.epochtimes.com/b5/13/12/8/n4029063.htm。

6 文君，〈習近平已接管最高權力　港媒：翻盤18大布局〉，《大紀元》2012年10月11日，見http://www.epochtimes.com/b5/12/10/11/n3702842.htm。

7 夏言，〈港媒：胡錦濤出手「撤辦」逼江〉，《看中國》2015年11月18日，見http://www.secretchina.com/news/15/11/18/592581.html；唐文，〈港媒：胡錦濤裸退三大效應　置江澤民於死地〉，《大紀元》2012年11月18日，見http://www.epochtimes.com/b5/12/11/18/n3732566.htm。

8 Juan Linz, *Totalitarian and Authoritarian Regimes* (Boulder: Lynne Rienner Publishers, 2000).

9 依據筆者於二〇一五年八月在北京的訪談。

10 徐京躍、華春雨，〈習近平：意識型態工作是黨的一項極端重要的工作〉，《新華網》2013年8月20日，見http://news.xinhuanet.com/politics/2013-08/20/c_117021464.htm。

11 儲百亮，〈中央秘密文件視憲政與人權為威脅〉，《紐約時報中文網》2013年8月20日，見http://cn.nytimes.com/china/20130820/c20document/。

12 晧宇，〈王岐山就「執政合法性」談話新意不大〉，《BBC中文網》2015年9月11日，見http://www.bbc.com/zhongwen/trad/china/2015/09/150911_china_iv_legitimacy。

13 〈習近平宣傳思想領域「輿論鬥爭」新提法引關注〉，《阿波羅新聞網》2013年9月7日，見http://tw.aboluowang.com/2013/0907/331626.html。

14 溫紅彥、盛若蔚、姜潔、趙兵、孟祥夫，〈鑄就中國特色社會主義事業的堅強領導核心—以習近平同志為總書記的黨中央全面從嚴治黨紀實〉，《中國共產黨新聞網》2016年1月18日，見http://dangjian.people.com.cn/n1/2016/0118/c117092-28062944.html。

15 時冉，〈中紀委公布2013反腐成績單　18萬餘名違紀幹部遭處分〉，《國際在線》2014年1月10日，見http://gb.cri.cn/42071/2014/01/10/5892s4386567.htm；〈國新辦解讀十八屆中央紀委第六次全會精神發佈會〉，國

務院新聞辦公室，2016年1月15日，見http://www.scio.gov.cn/xwfbh/xwbfbh/wqfbh/33978/34037/wz34039/Document/1461967/1461967.htm。

16 劉曉真，〈官媒定性三類「妄議中央」行為　點名五高官〉，《大紀元》2015年12月14日，見http://www.epochtimes.com/b5/15/12/14/n4595387.htm。

17 吳祚來，〈習近平的黨內合法性危機〉，《風傳媒》2015年9月30日，見http://www.storm.mg/article/66590。

18〈中共中央辦公廳印發《關於在縣處級以上領導幹部中開展「三嚴三實」專題教育方案》〉，《新華網》2015年4月19日，見http://news.xinhuanet.com/2015-04/19/c_1115016886.htm；盛若蔚，〈中組部通知要求深化縣級「三嚴三實」專題教育：著力解決基層幹部不作為亂作為等問題〉，《中國共產黨新聞網》2015年10月16日，見http://dangjian.people.com.cn/n/2015/1016/c117092-27705224.html。

19 楊維漢，〈劉雲山：開好專題民主生活會　抓好突出問題整改　確保專題教育取得扎實具體的成效〉，《中國共產黨新聞網》2015年12月5日，見http://cpc.people.com.cn/n/2015/1205/c64094-27892692.html。

20 劉曉真，〈官媒定性三類「妄議中央」行為　點名五高官〉。

21 張磊，〈公安副局長在朋友圈批評一國兩制被指妄議中央〉，《新浪網》2015年12月18日，見http://news.sina.com.cn/c/sz/2015-12-18/doc-ifxmttcq1748139.shtml。

22 馬金鳳，〈北京原副書記呂錫文被雙開：妄議中央大政方針〉，《新浪網》2016年1月6日，見http://news.sina.com.cn/o/2016-01-06/doc-ifxncyar6391746.shtml。

23 李文姬、張珺，〈今年通報35名官員對抗組織審查　省部級以上13人〉，《新浪網》2015年12月14日，見http://news.sina.com.cn/2015-12-14/doc-ifxmpnqm3277854.shtml。

24 中國網信網，〈國家網信辦約談鳳凰網負責人　北京市網信辦將依法

處罰〉，《鳳凰財經》2015年11月12日，見http://finance.ifeng.com/a/20151112/14066912_0.shtml。

25 鄒偉、黃慶暢，〈揭開「維權」事件的黑幕〉，《人民網》2015年7月12日，見http://politics.people.com.cn/n/2015/0712/c1001-27290030.html。

26〈中國對秘密關押律師提顛覆罪指控〉，《美國之音》2016年1月12日，見http://www.voachinese.com/content/Chinese-lawyer-20160112/3141293.html。

27 鄒偉，〈揭開「工運之星」光環的背後〉，《新華網》2015年12月22日，見http://news.xinhuanet.com/legal/2015-12/22/c_1117546098.htm。

28 萬延海，〈傳知行「非法經營罪」敲響的警鐘〉，《風傳媒》2015年5月1日，見http://www.storm.mg/article/48105。

29 同前注。

30〈婦女節前夕　中國逮捕7名女權人士〉，《蘋果日報》2015年3月8日，見http://www.appledaily.com.tw/realtimenews/article/new/20150308/570125/。

31 杰安迪，〈中國警察突擊搜查聲援女權NGO辦公室〉，《紐約時報中文網》2015年3月27日，見http://cn.nytimes.com/china/20150327/c27raids/。

32 列爾，〈中國5名在押女權人士被正式批捕〉，《BBC中文網》2015年4月9日，見http://www.bbc.com/zhongwen/trad/china/2015/04/150409_china_women_activists_arrest。

33 馬堯，〈對法國記者郭玉，中國為何「忍不了」〉，《環球網》2015年12月26，見http://opinion.huanqiu.com/opinion_world/2015-12/8263844.html。

34〈我國執法部門破獲一起危害國家安全案件　彼得等犯罪嫌疑人被依法採取刑事強制措施〉，《新華網》2016年1月19日，見http://news.xinhuanet.com/2016-01/19/c_1117827737.htm。

35 "China releases Swedish rights activist Peter Dahlin," *BBC,* January 26, 2016, at http://www.bbc.com/news/world-asia-china-35406911.

36 齊之丰，〈境外非政府組織管理法草案令外界不安〉，《美國之音》2015年6月3日，見http://www.voachinese.com/content/china-ngo-law-stirring-up-worries/2804505.html。
37〈賈西津：用國家安全視角看境外NGO管理法〉，《鳳凰網》2015年5月11日，見http://news.ifeng.com/a/20150511/43732232_0.shtml。
38〈大力加強社會組織黨建工作：中組部負責人就《關於加強社會組織黨的建設工作的意見（試行）》答記者問〉，中國政府網，2015年9月28日，見http://www.gov.cn/xinwen/2015-09/28/content_2939949.htm。
39 萬延海，〈中共欲把「非國有」組織納入體制〉，《風傳媒》2015年6月19日，見http://www.storm.mg/article/53464。
40 趙思樂，〈覆巢：中國權利NGO生死劫（下）〉，《端傳媒》2015年9月15日，見https://theinitium.com/article/20150917-mainland-NGO3/。
41 丁學良，〈中共反腐遭遇「軟抵抗」背後〉，《FT中文網》2015年6月15日，見http://www.ftchinese.com/story/001062508。
42 徐斯儉，〈軟紀律約束：改革中共黨國體制的內在限制〉，收錄於徐斯儉、吳玉山編，《黨國蛻變：中共政權的菁英與政策》，台北：五南圖書，2007，第5章。
43 韓咏紅。〈美國學者謝淑麗：超過毛澤東以後歷任領導人，習近平權力集中程度令人困惑〉。《美日焦點》轉載自《聯合早報》2016年2月12日，見http://www.pic365.net/China/2016-01/102390.html。
44 高文謙，〈點評中國：習近平是亡黨之君，還是開創新局？〉，《BBC中文網》2015年6月29日，見http://www.bbc.com/zhongwen/trad/china/2015/06/150629_cr_xi_jinping_anti-corruption。
45〈十四年間百人以上群體事件發生871起〉，《新京報》2014年2月24日，見http://www.bjnews.com.cn/graphic/2014/02/24/306216.html；顧曉華，〈盤點2015年中國十大群體事件〉，《大紀元》2015年12月11日，見http://www.epochtimes.com/b5/15/12/11/n4593296.htm。
46 湯景泰、王雪，〈2015年中國群體性事件研究報告〉，《參與》2016年3月17

日，見http://www.canyu.org/n111347c12.aspx。

第四章

1 一九八九年為尋求拉美債務危機的對策，由美國智庫「彼得森國際經濟研究所」（Peterson Institute for International Economics）於華盛頓召開研討會，邀請美國財政部、國際貨幣基金、世界銀行、美洲開發銀行、拉丁美洲國家等專家代表共同討論，由國際經濟研究所經濟學家John Williamson彙集各方專家意見，對拉丁美洲國家提出十項政策因應方案，此後來被稱之為「華盛頓共識」。參見John Williamson (2008), "A Short History of the Washington Consensus", in Narcís Serra and Joseph E. Stiglitz, eds., *The Washington Consensus Reconsidered* (Oxford: Oxford University Press, 2008), 14-30.

2 Bruce J. Dickson, *Red Capitalists in China: The Party, Private Entrepreneurs, and Prospects for Political Change* (New York: Cambridge University Press, 2003).

3 由美國時代雜誌前編輯Joshua Cooper Ramo提出；參見Joshua Cooper Ramo, *The Beijing Consensus* (London: The Foreign Policy Centre, 2004).

4 陳志武，《沒有中國模式這回事！》，台北：八旗文化，2010。黃亞生，《「中國模式」到底有多獨特？》，北京：中信出版社，2011。

5 丁學良，《辯論「中國模式」》，北京：社會科學文獻出版社，2011。

6 中共中央文獻編輯委員會編輯，《陳雲文選》第2卷，北京：人民出版社，1995，第152頁。

7 一九八〇年建立了四個經濟特區，一九八四年十四個港口城市對外開放，並逐步在沿海、沿河、沿邊境進行對外開放。

8 鄧小平，《鄧小平文選》，北京：外語出版社，1994。

9 R. Garnaut, L. Song, S. Tenev and Y. Yao, *China's Ownership Transformation, International Finance Corporation* (Washington DC: World Bank

Publications, 2005).

10 吳敬璉，〈完善社會主義市場經濟〉，《中國評論月刊》2012年10月30日，見http://hk.crntt.com/crn-webapp/mag/docDetail.jsp?docid=102285221。

11 二〇〇六年十二月五日，中國國務院發佈由國資委起草的《促進國有資本和國有企業重組的管理方針》。

12 張剛，〈胡鞍鋼：全要素生產率提高仰賴體制改革〉，《財經時報》2015年11月24日。

13 伍曉鷹，〈「新常態」下看中國經濟的生產率問題—中國經濟全要素生產率的最新測算和解讀〉，收錄於中國社會科學院經濟學部編，《解讀中國經濟新常態》，北京：社會科學文獻出版社，2015，第123至161頁。

14 馬蓉，〈習近平：推進供給側結構性改革　不斷擴大中等收入群體〉，《路透》2016年5月17日，見http://cn.reuters.com/article/china-xi-reform-supply-idCNKCS0Y72E5。

15 楊毅沉、安蓓、何欣榮、杜放，〈2016年中國經濟將有哪些新動向？——解讀中央經濟工作會議六大看點〉，《新華網》2015年12月21日，見http://news.xinhuanet.com/politics/2015-12/21/c_1117533459.htm。

16 馬蓉，〈習近平：推進供給側結構性改革　不斷擴大中等收入群體〉。

17 二〇一三年中國大陸服務業占GDP比重46.1%，首次超過工業，二〇一四年繼續成長，占比達48.2%；除此之外，服務業的投資成長速度亦開始超過工業及整體產業投資的成長速度，二〇一四年服務業投資成長16.8%，較工業的投資成長率高出3.6%。

18 米強、吳佳柏，〈中國的政策溝通危機〉，《FT中文網》2016年01月29日，見http://big5.ftchinese.com/story/001065992。

19〈獨家：兩會習李矛盾公開化　「倒習勢力」欲推盟主　李克強再萌退意〉，《博聞社》2016年03月17日，見http://bowenpress.com/news/bowen_75364.html。

20 李默迪，〈一週三次推動供給側改革　習近平對誰喊話？〉，《大紀元》2016

年05月18日，見http://www.epochtimes.com/b5/16/5/18/n7905833.htm。

21 管淑平，〈國務院反擊人民日報　習近平李克強鬥爭升級〉，《自由時報》2016年05月18日，見http://news.ltn.com.tw/news/world/paper/991083。

第五章

1 廖言，〈中國精神：築起抗禦國際金融危機的長城〉，《人民日報》2009年7月29日，02版。

2 張敬偉，〈中美戰略能找到交集嗎？〉，《南華早報》2015年5月30日。

3 自二○一二年下半年起，中國內部開始出現對於採取強手段處理社會抗爭問題的批評，認為強勢打壓作為已經傷害共產黨的長期利益，並且主張引進「社會治理」概念取代傳統的「社會管理」概念，以便建立共產黨和社會大眾之間正面的互動模式。請參閱：Samantha Hoffman and Peter Mattis, "Inside China's New Security Council," *The Interest*, November 21, 2013.

4 蔣濤，〈新角色、新氣象一習近平訪美顯現中國外交新變〉，《中國新聞網》2015年10月7日。

5 劉躍進，〈大安全時代的總體國家安全觀一學習習近平同志關於國家安全重要講話中的哲學思想〉，《中國共產黨新聞網》2014年5月19日。

6 〈習近平：更好統籌國內國際兩個大局，夯實走和平發展道路的基礎〉，《新華網》2013年1月29日。

7 〈中央外事工作會議在京舉行〉，《人民日報》2014年11月30日第01版。

8 張朔，〈習近平：未來5年中國對南亞投資提昇至300億美元〉，中新社，2014年9月18日。

9 所謂「1+2+3」的合作格局，是指「以能源合作為主軸」，「以基礎設施建設、貿易和投資便利化為兩翼」，以「核能、航太衛星、新能源三大高新

領域為突破口」。

10 習近平在二〇一四年七月訪問拉丁美洲時，曾承諾提供拉美國家兩百億美金基礎建設貸款、一百億美金優惠貸款以及五十億美金合作基金。

11 Richard Javad Heydarian, "Is China's Soft-Power Bubble about to Burst?" *The National Interest*, August 25, 2015, at http://nationalinterest.org/feature/china's-soft-power-bubble-about-burst-13683.

12 同前注。

13〈一帶一路是台灣經濟新藍海〉，《中國時報》2015年4月28日。

14 Rajeev Ranjan, "New Maritime Silk Road: Converging Interests and Regional Responses," *Eurasia Review*, October 8, 2014.

15 郭金超，〈習近平哈薩克斯坦演講：弘揚人民友誼，共同建設「絲綢之路經濟帶」〉，中新社，2013年9月7日。

16 蔡佑駿，〈亞投行對台灣能有什麼好處？〉，《聯合報》2015年4月16日；劉宗義，〈一帶一路計劃與台灣的機遇〉，《中國評論新聞網》2014年3月20日；David Dollar, "What the AIIB Can Learn from World Bank Shortcomings," *East Asia Forum*, May 6, 2015, at http://www.eastasiaforum.org/2015/05/06/what-the-aiib-can-learn-from-world-bank-shortcomings.

17〈習近平強調要做好周邊外交工作〉，中通社，2013年10月25日。

18 The White House, *National Security Strategy*, February 2015, 15-18.

19 Leika Kihara and Linda Sieg, "Japan Unveils $110 Billion Plan to Fund Asia Infrastructure, Eye on AIIB," *Reuters*, May 21, 2015, at http://www.reuters.com/article/us-japan-asia-investment-idUSKBN0O617G20150521; Tatsuo Ito, "Japan Plans to Expand Infrastructure Investment in Asia," *The Wall Street Journal*, May 21, 2015, at http://www.wsj.com/articles/japan-plans-to-expand-infrastructure-investment-in-asia-1432206297.

20 何宏儒，〈印將提新計畫抗衡陸海上絲路〉，中央社，2014年9月16日。

21 李文，〈英媒：中印兩國將是亞投行最大股東〉，《BBC中文網》2015年5月22日。
22 同前注。
23 Ralph Jennings, "Taiwan Disappointed after China Rejects AIIB Application," *Voice of America*, April 15, 2015.
24 Peter Mattis, "China's East China Sea: Framing Japan to Help Washington Understand," *China Brief* 13, issue 24 (December 5, 2013): 5.
25〈中國對東海防空識別區實施有效監管〉，《解放軍報》2013年12月27日。
26 "Fact Sheet: President Xi Jinping's State Visit to the United States," The White House, September 25, 2015.
27 Ankit Panda, "What's Missing from China and Japan's East China Sea Crisis management Framework?" *The Diplomat*, June 16, 2015.
28 Victor Robert Lee, "South China Sea: China's Unprecedented Spratlys Building Program," *The Diplomat*, April 25, 2015.
29 Michael J. Green, Ernest Z. Bower and Mira Rapp Hooper, "Carter Defends the South China Sea at Shangri-La," CSIS, May 29, 2015, at https://www.csis.org/analysis/carter-defends-south-china-sea-shangri-la.
30 Sam Bateman, "The Risks of US Freedom of Navigation Operations in the South China Sea," *East Asia Forum*, June 1, 2015.
31 "Press Briefing by Deputy National Security Advisor for Strategic Communication Ben Rhodes and NSC Senior Director for Asian Affairs Evan Medeiros," The White House, April 27, 2014.
32 "Carter: U.S., Vietnam Committed to Defense Relationship," US Department of Defense, June 2, 2015.
33 Kiyoshi Takenaka, "Tokyo, Manila Boost Security Ties as China Pushes Maritime Claims," *Reuters*, June 4, 2015.
34 Ankit Panda, "India's Got a Plan for South China Sea Disputes," *The*

Diplomat, March 11, 2015.

35 同前注。

36 Matt Siegel, "Japan to Join U.S., Australia War Games amid Growing China Tensions," *Reuters*, May 26, 2015; Rob Taylor, "Australia to Continue Military Patrols in South China Sea," *The Wall Street Journal*, May 31, 2015.

37 儲信豔，〈習近平概括中美新型大國關係：不衝突、不對抗，相互尊重，合作共贏〉，《新華網》2013年6月10日。

38 Richard C. Bush III, "Obama and Xi at Sunnylands: A New Pattern of Relations?" The Brookings Institute, June 4, 2013; Yang Jie Mian, "Model of Major Power Relationship between China and the U.S.," Shanghai Institute for International Studies, October 2, 2013.

39 Jane Perlex, "Chinese President to Seek New Relationship with U.S. in Talks," *The New York Times*, May 28, 2013, at http://www.nytimes.com/2013/05/29/world/asia/china-to-seek-more-equal-footing-with-us-in-talks.html; "U.S.-China Strategic and Economic Dialogue Joint Opening Session," Remarks of Secretary of State John Kerry, Vice President Joe Biden, Secretary of Treasury Jacob Lew, State Councilor Yang Jiechi, and Vice Premier Wang Yang, Washington, DC, July 10, 2013, at http://www.state.gov/secretary/remarks/2013/07/211773.htm.

40 "Remarks at the Sixth Round of the U.S.-China Strategic and Economic Dialogue," Remarks of Secretary of State John Kerry, Vice Premier Wang Yang, Secretary of Treasury Jacob Lew and State Councilor Yang Jiechi, Beijing, China, July 9, 2014, at http://www.state.gov/secretary/remarks/2014/07/228910.htm.

41 U.S. Department of Defense, *Sustaining U.S. Global Leadership: Priorities for 21st Century Defense*, January 2012.

42 Jonathan Marcus, "Leon Panetta: US to Deploy 60% of Navy Fleet to

Pacific," *BBC News,* June 2, 2012.

第六章

1 "Remarks with Thai Deputy Prime Minister," U.S. Department of State, at http://www.state.gov/secretary/20092013clinton/rm/2009a/july/126271.htm.

2 參閱林賢參，〈試論日本摸索防衛戰略轉換之軌跡與方向〉，收錄於金榮勇主編，《東亞區域意識下的亞太戰略發展》，台北：政治大學國際關係研究中心，2007。

3 〈防衛省が発足安倍首相「戦後体制からの脱却」歴代長官・次官ら招き記念式典〉，《朝雲ニュース》2007年1月11日，見http://www.asagumo-news.com/news/200701/070111/07011101.html。

4 根據日本國家基本問題研究所理事長櫻井良子指出:「……若不是組織性、計畫性的攻擊，自衛隊是不准有軍事性的回應。如果出現日本被攻擊的情況，日本政府就召開內閣會議，通過允許自衛隊採取軍事行動，並下達「防衛出動」的指令。大家都知道，這樣的方式在緊急事態發生時絕對來不及。試想一旦發生大量中國漁船衝至尖閣群島（釣魚台列嶼）的情況。如果漁船人員沒帶武器悄悄地登陸，自衛隊就不能出手。雖然日本海上保安廳可以加以取締，但如果海上保安廳無法阻止中國人民登陸而苦鬥時，自衛隊還是只能眼睜睜看著而不能採取行動。自衛隊能處理的是對方顯然是事先組織性、計劃性的武裝攻擊的時候。如果是漁船『偶然』大舉入侵的情況，自衛隊完全不能出手。這樣要防守日本根本是不可能的。在這次的和平安全立法下，日本政府可以迅速發布命令，讓自衛隊替代海上保安廳展開海上警備行動。同時，到目前為止閣僚聚集在首相官邸做成閣議的方式，也改為得以透過電話進行內閣會議。但是，這種程度的修正是否充分？……我們以實際發生在鹿兒島縣下甑島的事件為例來說明。

5 一九九七年二月三日，二十名中國偷渡者登上該島，當地居民立即向警方

報案，雖然連青年團和消防隊也出動搜查，卻還是讓中國人逃脫。經過了一夜後的四日，該島分屯基地所屬三十名航空自衛隊人員也加入搜索，但他們不被許可攜帶任何武器。同時，由於自衛隊員不是進行搜索偷渡者的任務，所以是以野外訓練為名參加搜尋行動。基於自衛隊法第八十一條，自衛隊因治安問題而出動時，必須有內閣總理大臣的命令或地方知事的請求。同時，自衛動出動也限定於「治安維持上的重大事態」、「不得不」的情況。為了達到認證標準需要相當的時間。因此，自衛隊不得已用野外訓練的名義協助進行搜索，最後終將中國偷渡者全數拘捕。但媒體一直批評自衛隊的行動缺乏法律依據。然而，如果偷渡者是有武裝的特務人員的情況下，由警察和消防隊進行搜索和拘捕的任務就太過危險。所幸自衛隊員最終順利完成任務，但縱然說是野外訓練的名義，他們卻是手無寸鐵地徒手被派赴前往。如何保護他們的安全？非武裝被派去是否可以完成任務？這些仍留有疑問。」參閱櫻井よしこ，〈日本の平和安全法制と日台の未来〉講演內容，「兩岸關係與亞太區域和平」國際研討會，台灣安保協會主辦，2015年9月19日。

6 葉靖斯，〈王毅評美國軍艦巡南海島礁：勿無事生非〉，《BBC中文網》2015年10月27日，見http://www.bbc.com/zhongwen/trad/china/2015/10/151027_china_us_south_china_sea。

7 〈美軍稱2架B52轟炸機飛到中國南海島礁附近15海浬〉，《環球網》2015年11月13日，見http://mil.news.sina.com.cn/2015-11-13/1133843807.html。

8 〈美國總統登上菲律賓海軍旗艦　妄言維護航行自由〉，《觀察者網》2015年11月18日，見http://mil.news.sina.com.cn/2015-11-18/0851844170.html。

9 James Mulveno, "Groupthink? PLA Leading Small Groups and the Prospect for Real Reform and Change in the Chinese Milita," at http://www.hoover.org/sites/default/files/research/docs/clm44jm.pdf.

10 蔡文軒，〈習近平上任以來推動反腐肅貪相關作為簡析〉，見http://www.

mac.gov.tw/public/Attachment/52121024484.pdf。

11 李作成，〈深入推進依法治軍從嚴治軍　不斷提高部隊建設法治化水平〉，《求是》2015年12月1日，見http://theory.people.com.cn/BIG5/n/2015/1201/c83846-27875795.html。

12 解放軍陸軍目前約有一百七十萬人，是全世界規模最大的陸軍，由七個軍區、十八個集團軍、三十七個師和六十七個獨立團和旅構成。機動作戰部隊有八十五萬人，主要包括九個裝甲師、二十五個步兵師和三個炮兵師。

13〈習近平首次軍隊訓詞意義重大〉，《學習中國》2016年1月3日，見http://big5.chinanews.com/m/gn/2016/01-03/7698859.shtml。

14 中國體制上中央軍委和國務院是分立的，筆者姑且將國務院稱為「國家級」，因為國務院下轄的是「省部級」，因此中央軍委也等於「國家級」。

15 十五大軍事委員會成員如下一主席：江澤民，副主席：張萬年、遲浩田，後增補副主席：胡錦濤。委員：傅全有（總參）、于永波（總政）、王克（總後）、王瑞林（總政副主任），後增補委員：曹剛川（總裝）、郭伯雄（總參副主任）、徐才厚（總政常務副主任）。相形之下，海空軍和二炮司令員並未納入軍委成員。

16〈國防大學教授：強化中央軍委 或設東西南北戰區〉，《觀察者網》2015年11月27日，見http://news.takungpao.com.hk/mainland/focus/2015-11/3245309.html。

17〈北部戰區四大集團軍曝光　李橋銘任司令〉，《文匯網》2016年2月15日，見http://news.wenweipo.com/2016/02/15/IN1602150004.htm。

第七章

1 郭玫君、李仲維，〈馬習會解密　那一夜　夏立言苦等一則簡訊〉，《聯合報》2015年12月18日第A2版。

2 〈中台辦、國台辦就當前兩岸關係問題發表聲明〉，《新華網》2004年5月17日。

3 習近平參加全國政協十二屆三次會議的民革、臺盟、台聯委員聯組會，發表所謂「基礎不牢、地動山搖」談話，請參見〈習近平強調：堅持兩岸關係和平發展道路　促進共同發展造福兩岸同胞〉，《新華網》2015年3月4日。

4 陳斌華，〈習近平總書記會見中國國民黨主席朱立倫〉，《新華網》2015年5月4日。

5 陳斌華、孟娜、王聰，〈習近平同馬英九會面〉，《新華網》2015年11月7日。

6 有關北京不介入二〇一六年台灣大選的立場，曾於國台辦例行記者會中多次強調，並於「馬習會」由國台辦主任張志軍所主持記者會中再度重申，參見陳斌華、趙博，〈張志軍：我們關心的是兩岸關係朝向正確的方向發展〉，《新華網》2015年11月7日。

7 二〇一五年七月作者訪談大陸學者。

8 二〇一五年十月作者訪談大陸學者。

9 〈中央台辦堅決擁護中央對龔清概涉嫌嚴重違紀進行組織調查的決定〉，國台辦，2016年1月9日，見http://www.gwytb.gov.cn/wyly/201601/t20160119_11368951.htm。

10 二〇一六年一月作者訪談兩岸學者歸納。

11 二〇一五年十月作者訪談大陸學者歸納。

12 二〇一六年一月作者訪談兩岸學者歸納。

13 二〇一五年十月作者訪談大陸學者歸納。

14 北京對台單邊主義政策，係指大陸方面自行片面推動未經與台灣政府協商的對台政策，包括：M503航線（二〇一五年一月十二日中華人民共和國單方面透過國際民航組織在台灣海峽中線西側劃設新航線，經抗議暫緩實施，但中共三月二十九日宣佈正式啟用）、國家安全法（二〇一五年七月一日第十二屆全國人大會常委會第十五次會議通過實施該法，並於第十一條還規定：「維護國家主權、統一和領土完整，是包括香港、澳門和台灣在內的共同義務。」）、卡式台胞證（中國大陸二〇一五年七月一日起取消台胞證加簽，且自七月六日起試點受理電子台胞證申請）、福建自貿區（二〇一五年其範圍總面積118.04平方公里，包括平潭、廈門、福州三個片區，

其主要戰略目標為對接台灣經濟)、陸客中轉開辦(商談多年,二〇一六年二月一日中共未通知我政府,同意陸客來台中轉),以及在上海投資就業的台胞及其親屬就醫求學提供「市民待遇」並陸續在江蘇等地逐漸推展等。

15 劉巍巍,〈昆山海峽兩岸電子商務經濟合作實驗區獲批〉,《新華網》2015年10月29日;林霞,〈平潭海峽兩岸電子商務經濟合作實驗區獲批〉,《平潭網》2015年10月31日。

16 二〇一五年十二月作者訪談大陸學者歸納。

17 二〇一三年六月十三日「吳習會」,國民黨榮譽主席吳伯雄被馬英九總統授權前往北京會見習近平時提出「一個中國架構」,明確說出兩岸非國與國關係,以獲取台灣國際空間與大陸進一步讓利,這是在兩岸定位方面,台灣方面最靠近北京「一中框架」的主張,請參考〈從「一中各表」到「自我否認」〉,《自由時報》2013年6月14日第A2版。

18 林庭瑤、林克倫、汪莉絹,〈朱習會 習拋出新5點 朱立倫:一葉障目不見泰山　九二共識下合作雙贏〉,《聯合報》2015年5月5日第A1版。

19 邱垂正,〈馬習會後、大選前海協會會長陳德銘訪台的意涵分析〉,《新台灣國策智庫通訊》第41期,2015年12月,第10頁。

20 國民黨陣營積極促成與參與和平論壇主要是二十一世紀基金會,該基金會董事長高育仁,其與朱立倫關係密切而受到矚目。

21 廖珪如,〈首屆和平論壇　有認知無共識〉,《工商日報》2013年10月13日第A5版。

22 二〇一五年以來,綜合兩岸學者、相關官員普遍一致觀點。

23 二〇一四年太陽花學運後,北京對台政策開始偏重所謂「三中一青」政策,亦即「中小企業」、「中低階層」、「中南部民眾」及「台灣青年」

24 〈兩岸企業家峰會的亮點與挑戰〉,《工商日報》2014年12月27日第A2版。

25 〈國台辦:願為台灣青年到大陸發展創造條件〉,國台辦,2015年11月25日。

26 劉榮,〈蔡英文:感受對岸釋出善意〉,《壹週刊》2016年1月18日,見http://www.nextmag.com.tw/breaking-news/politics/20160117/

33430010。

27 鄒景雯，〈蔡英文：九二歷史事實　推動兩岸關係〉，《自由時報》2016年1月21日第A1版。

28〈快評：能否實現民共突破　在蔡英文一念之間〉，《中國評論新聞網》2016年1月24日。

29 劉麗榮，〈蔡英文總統就職演說中英文全文〉，《中央社》2016年5月20日。

30〈貫徹小英意志　520就職演說內涵曝光？〉，《自由時報即時新聞》2016年5月11日。

31〈國台辦發言人就今後國台辦與陸委會聯繫溝通機制表明態度〉，《新華社》2016年5月21日。

32 盧伯華、陳君碩、鍾寧、林殿唯，〈未承認九二共識　國台辦：這是一份沒有完成的答卷〉，《中國時報》2016年5月20日。

33 王英津，〈蔡「憲法」論述離大陸底線還有多遠〉，《中國評論新聞網》2016年5月21日。

34 唐佩君，〈南海仲裁案　外交部：不承認也不接受〉，《中央社》2015年10月31日。

35〈馬登太平島　中美不同調　陸讚護祖產、歷史留名　美國務院卻表失望〉，《旺報》2016年1月28日第A1版。

36 二〇一六年一月訪談兩岸學者歸納。

37 陳鍵興，〈俞正聲出席2016年對台工作會議並作重要講話〉，《新華網》2016年2月2日。

38 邱垂正，《中國大陸對台灣次區域合作的戰略與政策—以「平潭綜合實驗區」實徵研究為例》，台北：獨立作家，2015，第172至182頁。

39 作者訪談兩岸學者歸納。

40 作者訪談兩岸學者歸納。

41 作者訪談兩岸學者歸納。

42 張爽，〈周志懷：未來不能完全排除兩岸失控風險〉，《中國評論新聞網》2015年10月12日。

43 作者訪談大陸學者歸納。

44 作者訪談相關業者、官員歸納。

45 二〇一六年二月作者訪談相關業者、官員歸納。

46《兩岸經濟統計月報》第273期，2016年1月，見http://www.mac.gov.tw/ct.asp?xItem=113969&ctNode=5720&mp=1。

47 邱垂正、張仕賢，《海峽西岸經濟區與粵港澳合作框架綜論》，台北：獨立作家，2014，第26至31頁。

48 劉屏，〈王毅談兩岸　首度提憲法　盼台灣新執政者不違憲〉，《中國時報》2016年2月27日第A1版。

49 如二〇一六年三月十七日中共與甘比亞建交、四月肯亞事件、五月世界衛生大會邀請函加註一中原則等事件。

習近平大棋局／徐斯儉等著.
－初版. －新北市：左岸文化出版：遠足文化發行，2016.07
面；　公分. －(左岸時事；237)
ISBN 978-986-5727-37-6(平裝)
1.政治改革 2.中國大陸研究 3.文集
574.1　　105006154

左岸時事　237

習近平大棋局

後極權轉型的極限

策　　畫　台灣新社會智庫、清大當代中國研究中心
主　　編　徐斯儉
作　　者　徐斯儉、董立文、王占璽、盧俊偉、邱俊榮、
　　　　　蔡明彥、張國城、賴宇恩、黃怡安
總 編 輯　黃秀如
特約編輯　王湘瑋

社　　長　郭重興
發行人暨出版總監　曾大福
出　　版　左岸文化
發　　行　遠足文化事業股份有限公司
　　　　　231新北市新店區民權路108-2號9樓
　　　　　電話　(02)2218-1417　　傳真　(02)2218-8057
　　　　　客服專線　0800-221-029　　E-Mail　service@bookrep.com.tw
　　　　　左岸文化臉書專頁　facebook.com/RiveGauchePublishingHouse
法律顧問　華洋法律事務所　蘇文生律師
印　　刷　成陽印刷股份有限公司
初版一刷　2016年7月

定　　價　350元
I S B N　978-986-5727-37-6

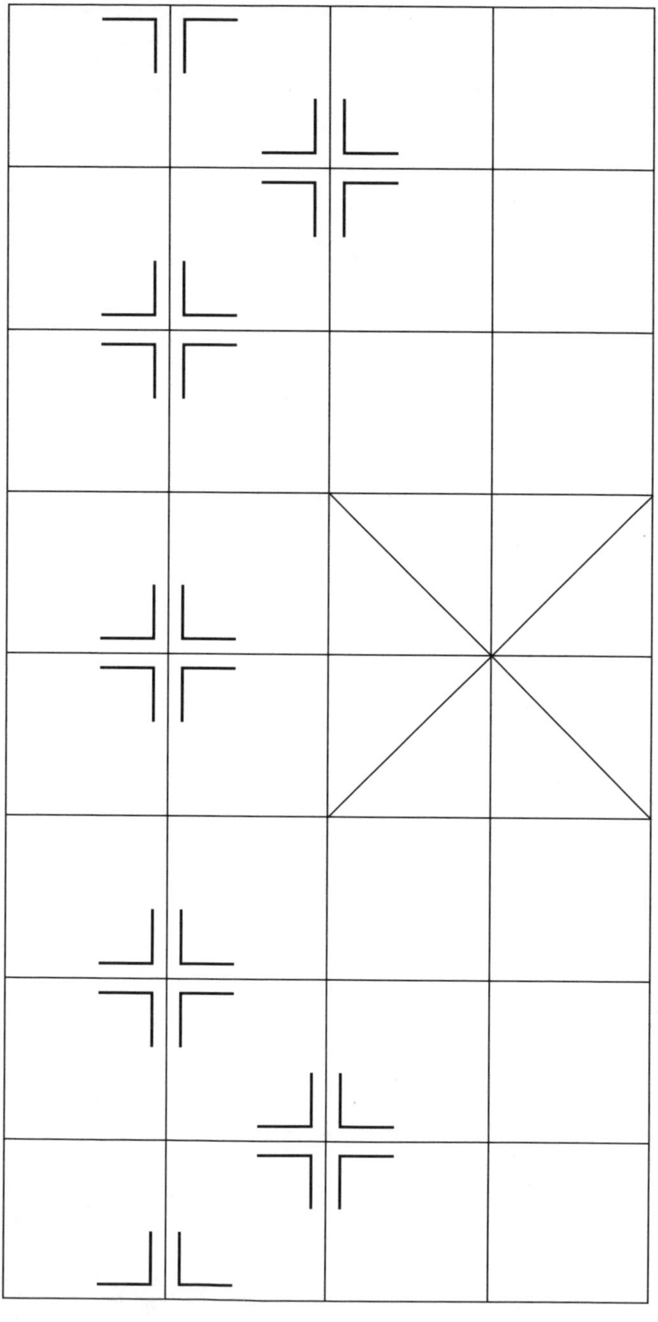

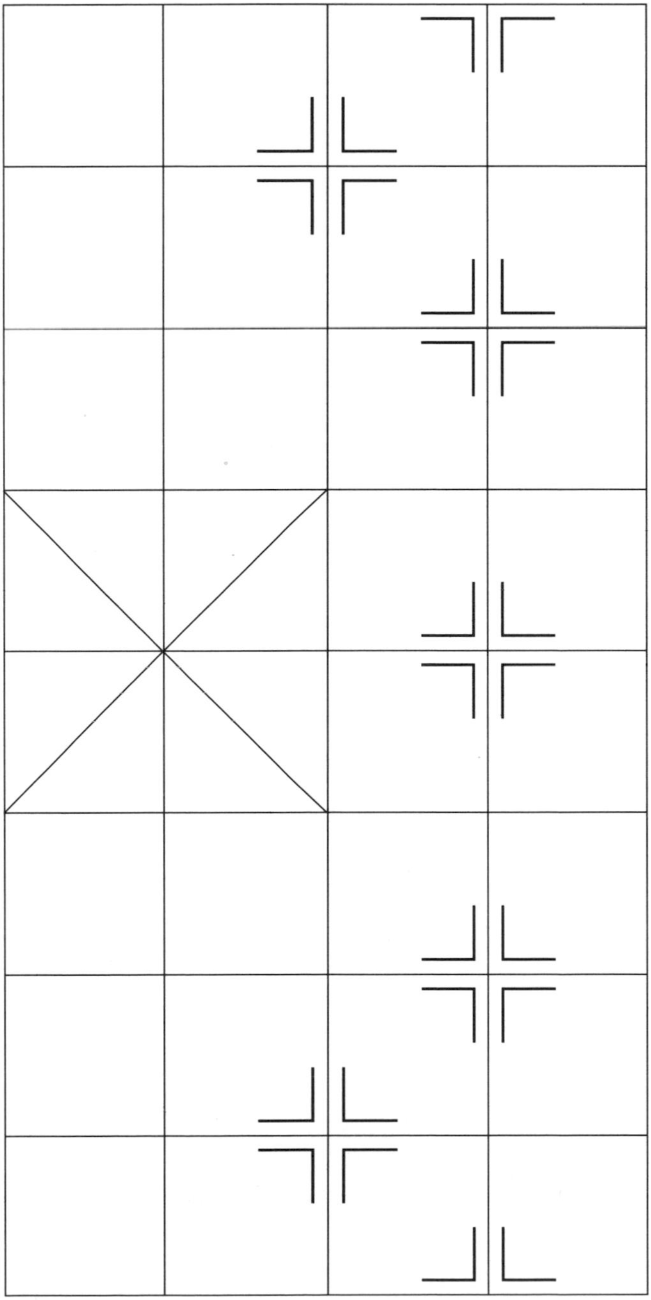